AF346676

Couseuu— la Couverture

ÉMILE BLÉMONT

Théâtre Moliéresque et Cornélien

AVEC UNE ÉTUDE ET UNE LETTRE SUR MOLIÈRE

PAR JULES CLARETIE

PARIS

ALPHONSE LEMERRE, ÉDITEUR

23-31, PASSAGE CHOISEUL, 23-31

M DCCC XCVIII

8°Yf
969

Théâtre Moliéresque

et Cornélien

BIBLIOTHÈQUE NATIONALE

DU MÊME AUTEUR

POÈMES D'ITALIE. 1870 . . . . 1 vol.
PORTRAITS SANS MODÈLES. 1879. . . . . 1 vol.
LA PRISE DE LA BASTILLE. 1879. . . . . 1 vol.
POÈMES DE CHINE. 1887. . . . . 1 vol.
ROGER DE NAPLES. 1888. . . . . 1 vol.
LA RAISON DU MOINS FORT. 1889. . . . . 1 vol.
ALPHABET SYMBOLIQUE. Illustré par Hiolle. 1895. . . . . 1 vol.
LA BELLE AVENTURE. 1895. . . . . 1 vol.
A WATTEAU. 1896 . . . . 1 vol.

*Tous droits de traduction et de reproduction réservés pour tous les pays,
y compris la Suède et la Norvége.*

ÉMILE BLÉMONT

Théâtre Moliéresque et Cornélien

AVEC UNE ÉTUDE ET UNE LETTRE SUR MOLIÈRE

PAR JULES CLARETIE

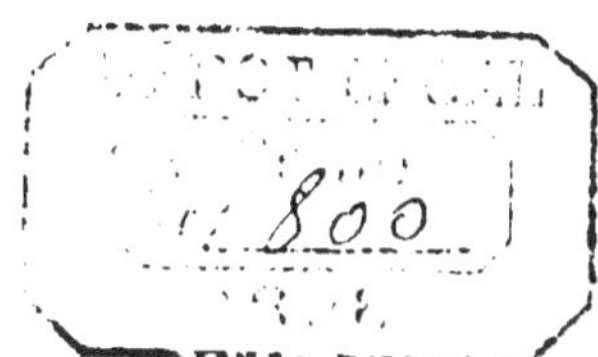

PARIS

ALPHONSE LEMERRE, ÉDITEUR

23-31, PASSAGE CHOISEUL, 23-31

M DCCC XCVIII

Comme Introduction à ce recueil de comédies et poèmes en mémoire de Molière et de Corneille, nous ne pouvions mieux souhaiter qu'une étude caractéristique écrite par l'éminent académicien qui administre avec tant d'autorité la Comédie-Française. Nous sommes donc tout particulièrement heureux de publier, en tête de notre volume, les belles pages que M. Jules Claretie a bien voulu nous donner sur *les Voyages de Molière,* avec la lettre, si éloquente, si émue, qu'il adressa à la ville de Pézenas pour les Fêtes du 8 août 1897.

A la suite du *Théâtre Moliéresque,* on trouvera d'ailleurs une relation de ces Fêtes.

Les Voyages de Molière

Les Voyages de Molière

1646-1658

I

CARRON, dans son *Roman comique,* raconte à souhait l'arrivée dans la ville du Mans d'une troupe de comédiens, dont il décrit d'une façon colorée les haillons pittoresques et le chariot grinçant. Nul, d'entre tous ceux qui ont lu le livre, n'a oublié un tel tableau. Sur une charrette pleine de coffres, de malles et de gros paquets de toiles peintes, est juchée « une demoiselle » costumée d'une manière bizarre et qui regarde droit devant elle, tandis que quatre pauvres bœufs maigres, conduits par une jument poulinière, traînent cet autre char de Thespis. Un jeune homme, « aussi pauvre d'habit que riche de mine », marche tout auprès, portant sur l'épaule un fusil, et les jambes battues d'une longue rapière. Puis vient un vieillard, le dos courbé sous le poids d'une basse de viole, et qu'on prendrait, nous dit Scarron, pour une grosse tortue dressée sur ses pattes de derrière. Ce sont des comédiens, des comédiens errants, prêtres ambulants du grand Art en voyage. Les bons bourgeois du Mans se mettent sur le pas de leurs portes pour les voir défiler. Les fillettes glissent un coup d'œil curieux à travers la fenêtre entr'ouverte. Les maris grognent déjà ; les hôteliers jettent à leurs garçons le cri célèbre : « Voilà les comédiens ! cachez les couverts ! » Et le lieutenant de la prévôté se dispose à demander à ces inconnus en oripeaux d'où ils viennent, où ils vont, et, d'un ton d'autorité, ce qu'ils veulent.

Je n'ai jamais relu ce début si curieux du *Roman comique* sans songer aussitôt à Molière, à ses années de voyages, à ces premiers temps de sa vie où il courut la France, ballotté çà et là, de ville en ville, avec des fortunes diverses. Il n'est pas impossible, en effet, que Scarron, qui se trouva sans doute dans l'Ouest avec la troupe de Molière, ait pensé, lui aussi, à Molière, lorsqu'il traçait ce portrait de *Destin,* le comédien mélancolique et bon.

Il avait rencontré la troupe de Molière dans quelque coin de province. Il avait vu passer tous ces comédiens amoureux de leur métier ; et peut-être avait-il trouvé là les originaux qui devaient lui servir, un jour, à peindre la Rancune, la Bouvillon, Ragotin, l'Étoile, tous ces types séduisants ou divertissants dont s'égayait sa verve de cul-de-jatte à la fois ironique et bouffon.

Molière, avant d'être le comédien aimé du roi et applaudi de la cour et de la ville, avait été, on le sait, le batteur de buissons, le comédien nomade, je vais dire un mot qui exprime bien la pensée qu'il veut rendre, le *cabotin* de hasard. *Cabotin,* il semble que ce mot de l'argot des coulisses rende bien, en effet, l'idée d'un navire ou d'une barque de cabotage roulée et ballottée par les vents et les vagues, essuyant maintes tempêtes, résistant à beaucoup d'orages, aujourd'hui naviguant triomphale et demain touchant aux récifs. Il y a bien des tristesses dans cette âpre vie où les jours sont tant de fois sans pain et les nuits sans gîte. On s'y nourrit de l'air du temps, on y loge à la belle ou plutôt à la vilaine étoile. Mais, paraît-il, cette vie misérable a son charme, puisque ceux-là qui l'ont vécue, en gardent l'éternelle nostalgie et répètent quelquefois comme Mme de Maintenon, la veuve de Scarron lui-même : « Ah! le bon temps où l'on remplaçait le rôti absent par quelque amusante histoire! Ah! l'heureux temps où nous étions si malheureux! »

C'est ce qu'un poète d'un talent rare, qui fut, lui aussi, un comédien errant, Albert Glatigny, a si bien exprimé dans quelques-uns de ses derniers vers :

> Les heures passaient, folles, inégales,
> Mais sonnant la joie et chantant l'espoir.
> Étions-nous heureux, ferreurs de cigales,
> De vivre en plein jour les rêves du soir!
>
> O jours bourdonnants, tout remplis d'abeilles!
> Comme l'air flambait! Comme l'horizon
> Foisonnait de fleurs aux astres pareilles!...
> Et l'amour chantait si haut sa chanson!

« L'amour chantait ! » C'est bien ici ou jamais le cas de répéter le mot de M. de Sartine : « *Cherchez la femme !* » Partout où vous rencontrerez un poète de fortune, cherchez la femme en effet, celle qui l'a entraîné et poussé sur les grands chemins de l'art. Bayle prétend, cependant, que ce ne fut point par amour pour une comédienne que Molière se fit comédien, et à dire vrai, rien ne le prouve ; mais il n'est pas impossible aussi que la passion l'ait, autant que sa vocation même, attiré vers les planches. On sait de quelle manière il avait commencé, lui, fils de bons bourgeois parisiens, — fort savant, élevé comme un grand seigneur, en compagnie du prince de Conti. Exercer la charge de tapissier, valet de chambre du roi, ne lui plaisait qu'à demi. Il l'avait fait d'abord ; et, en cette qualité, il avait même suivi le roi Louis XIII à Narbonne. M. Paul Lacroix, dans son très savant et très curieux ouvrage sur *la Jeunesse de Molière,* pousse peut-être les choses un peu loin, lorsqu'il indique que Molière assista à la tragédie sanglante qui coûta la vie à Cinq-Mars et à de Thou, et, un moment même, essaya de favoriser la fuite de Cinq-Mars. Il serait curieux que l'auteur de tant de comédies eût débuté par être acteur dans un tel drame. Je doute pourtant qu'il y ait joué le moindre rôle. Molière était déjà, à cette époque, trop *patriote,* comme allait dire bientôt Saint-Simon, pour être, en quoi que ce fût, du parti de ce jeune et brillant Cinq-Mars, qui conspirait simplement pour livrer la France à l'Espagne. La poésie, le roman, le théâtre ont, en effet, célébré la mort de Cinq-Mars ; mais l'histoire, plus calme et plus grave, conclut sévèrement contre lui, comme contre tous ceux qui, dans les temps de troubles, mettent leur ambition au-dessus de leur patrie et osent, en présence de la France blessée, pactiser avec l'étranger.

Molière, donc, pour revenir à lui, n'eût pas été de ceux qui voulaient sauver Cinq-Mars. Il me paraît d'ailleurs s'être alors fort peu occupé de politique. Il avait déjà dans la tête l'amour absolu du théâtre ; et lorsqu'il revint à Paris, vers 1646, il se mit, en compagnie de quelques bourgeois de ses amis, à jouer la comédie au faubourg Saint-Germain, dans le Jeu de Paume de la Croix-Blanche. Ce théâtre où débuta Molière, fut celui qu'on appela l'*Illustre Théâtre* et qui ne devait être illustre que dans l'avenir, car il eut alors fort peu de succès.

Un des biographes contemporains de Molière, Perrault, raconte que le tapissier Poquelin, désolé d'apprendre que son fils se montrait ainsi sur la scène et se disposait même à courir les provinces, lui dépêcha un de ses anciens maîtres pour le dissuader et le convaincre. L'anecdote est fausse, et c'est dommage, car elle est jolie. Ce professeur va trouver Molière, lui déduit toutes les raisons qui doivent empêcher un fils de tapissier du roi de voyager en pays de bohème, lui fait le total des déboires qu'il aura à supporter, lui démontre par A + B que cette vie de hasard est une vie de misère, et tout à coup, pour donner de la force à son discours, il cite un vers latin qui fait dresser l'oreille à Molière :

« Halte-là ! dit le futur auteur du *Malade imaginaire ;* mais je ne vous soupçonnais pas, mon cher maître, le talent que vous avez !

— Du talent ! Quel talent ?

— Vous joueriez la comédie à merveille !

— *Vade retro, Satanas !* La comédie, moi ? y pensez-vous ?

— Oui, je vous jure ; tenez, enrôlez-vous parmi nous ! Vous ferez les docteurs et les médecins dans nos comédies ! Sur ma parole, mon cher maître, vous êtes assez ignorant en latin pour cela ! »

Perrault eût pu mettre cette historiette dans ses contes ; mais si elle n'est pas vraie, elle est bien trouvée et c'est déjà quelque chose.

Voilà donc Jean-Baptiste Poquelin comédien, comédien damné, malgré la résistance paternelle. Il avait pris, pour ne pas trop déplaire aux siens, un pseudonyme, un nom de guerre, le nom de *Molière,* qui devait demeurer un nom éternel de gloire. Ce nom de Molière était alors un nom fort célèbre. C'était celui d'un romancier à la mode vers cette époque et mort quelques années auparavant, François de Molière, sieur d'Essertines, auteur de la *Semaine amoureuse* et d'un roman dans le goût de l'*Astrée, Polyxène,* qui était la lecture préférée du bon ton. Ce François de Molière était mort assassiné en 1623, sans qu'on sache autre chose de sa vie que cette fin tragique. Il est certain que Jean-Baptiste Poquelin, au moment de paraître sur le théâtre, emprunta le nom de l'auteur du roman de *Polyxène ;* il le garda toujours dès lors et passa à la postérité sous ce pseudonyme désormais immortel, tandis que le véritable Molière, l'auteur à la mode en 1620, disparaissait dans un profond et juste oubli.

Cherchez la femme, disions-nous tout à l'heure. La femme, à l'heure de ces débuts de Molière, n'est pas bien difficile à trouver. C'est Madeleine Béjart, la sœur de cette Armande

Béjart que plus tard épousera Molière, Madeleine Béjart, pour le moment maîtresse du baron de Modène, et dont Molière s'était épris. Femme intelligente et entendue, d'ailleurs, cette Madeleine Béjart. Elle était à la fois la caissière et la véritable directrice de la troupe qui, avec Molière, allait parcourir la France. Elle était même plus encore, elle était un peu *authoress,* comme disent les Anglais, non pas *bas-bleu* et amoureuse de la gloire, mais pratique et *raccommodant,* par exemple, dit le registre de la Grange, les comédies des auteurs, entre autres le *Don Quichotte* de Guérin de Bouscal, et même parfois les pièces de Corneille lui-même.

Malgré les obstacles de la famille, la mauvaise humeur du père, le renom peu agréable qui s'attachait alors à la profession de comédien, Molière partit donc, comme à l'aventure, et il mena cette vie que Théophile Gautier raconte si bien dans son admirable *Capitaine Fracasse,* et que les comédiens d'aujourd'hui semblent vouloir renouveler, puisque des troupes ambulantes se forment pour aller jouer en province les comédies nouvelles de Paris. Je ne sais pas ce que l'art dramatique peut gagner à cette méthode ambulante, et je n'aime pas beaucoup que les comédiens se fassent en quelque sorte les commis voyageurs des pièces nouvelles. On perd toujours un peu de son originalité et de sa verve à mener cette vie hâtive, à repasser ses rôles en wagon, à s'émouvoir ou à sourire en descendant du chemin de fer, à arriver et à repartir, à jouer son rôle et à faire ses malles. C'est de l'art pour l'importation qui ne vaut pas mieux que l'art pour l'exportation ; et les comédiens, comme tous les autres artistes, ont besoin de

1.

leur milieu, de leur cadre, s'ils veulent demeurer eux-mêmes. Mme de Sévigné, pour dire que le prédicateur Bourdaloue n'était éloquent que dans sa chaire, s'écriait : « Il n'est bon que dans son tripot ! » Eh bien ! à tout artiste convaincu il faut son tripot accoutumé, c'est-à-dire son public, son atmosphère, son coin du feu, s'il est poète, son atelier s'il est peintre, ses planches habituelles s'il est comédien.

Au temps de Molière, d'ailleurs, et du *Roman comique,* le théâtre admettait plus d'imprévu, de hasard et de fantaisie qu'aujourd'hui ; la carriole est moins banale que le wagon ; mais Molière en voyage ne devait avoir cependant d'autre secret désir que le retour vers ce grand Paris, qui seul assure la renommée durable et donne la gloire définitive.

La troupe de Molière comptait alors plus d'un des futurs comédiens qui devaient le suivre à Paris et qui allaient devenir les comédiens célèbres du Palais-Royal, les ancêtres directs des comédiens de la Comédie-Française.

Molière avait avec lui les deux frères Jacques et Louis Béjart, les deux sœurs Béjart, Madeleine et Geneviève, le comédien Du Parc dit *Gros-René,* fils de famille, que la fièvre des planches avait entraîné vers les hasards de la vie de théâtre ; de Brie et sa femme, cette Mlle de Brie qui devait inspirer un tendre attachement à Molière et qui, maigre mais cependant charmante, devait jouer encore (on ne le croira pas) le rôle d'Agnès à soixante ans passés. Mlle du Parc, tragédienne, comédienne et danseuse, accompagnait aussi son mari dans la troupe de Molière. Celle-ci faisait fureur en dansant des pas revêtue d'une jupe ouverte des deux côtés, grande nouveauté pour le temps. Nous en avons bien vu d'autres. De Vauselle, Chasteauneuf, l'É-

Il mena donc cahin-caha, ce pauvre Ragueneau, la vie pleine de traverses des comédiens en voyage. Il moucha des chandelles et récita des vers. « Et voilà, dit Dassoucy, le destin des fous quand ils se font poètes et le destin des poètes quand ils deviennent fous ! » Ragueneau, le pâtissier poète, devait mourir à Lyon en 1654 ; et tout porte à croire qu'il avait, sur la fin de sa vie, renoncé à manier la lyre, qu'il était revenu à son premier métier, car on trouve dans les *Chevilles* d'Adam Billaut un sonnet où je lis ces vers mélancoliques, adressés par le rimeur pâtissier au menuisier poète :

> Je commence à connoître, après plus de dix ans,
> Que dessous moy Pégase est un cheval qui chope ;
> Je vais donc mettre en paste et perdrix et faisans...

Je parlais tout à l'heure de Scarron. Et qui sait si l'auteur du *Roman comique* n'a pas mis en scène, en le défigurant, ce pauvre diable de François Ragueneau, lorsqu'il énumère les mésaventures et les infortunes bouffonnes du malheureux comique Ragotin, si battu et si mécontent ?

Nous ne suivrons point Molière dans tous les voyages qu'il fit en France. Il faut cependant bien donner ici quelques dates et indiquer quelques traits. Molière a beaucoup voyagé ; on le voit à la connaissance profonde qu'il acquit de la plupart des patois français. Il voyageait, on peut le croire, non seulement pour gagner sa vie de comédien, mais pour amasser les matériaux de ses pièces futures. C'est en province et en chemin, pour ainsi dire, qu'il conçut l'idée de la plupart des chefs-d'œuvre qu'il nous a laissés.

De nombreux travaux, signés d'érudits de province, nous ont signalé le passage de Molière en diverses villes de France. M. Benjamin Fillon a recherché les traces laissées par Molière dans l'Ouest de la France, en Bretagne, dans le Poitou et dans l'Anjou. M. Brouchoud a rencontré Molière à Lyon, M. Eugène Noël à Rouen, M. Emmanuel Raymond dans le Languedoc, à Pézenas et à Béziers; et j'ai vu dans une vitrine du *Musée Molière* un manuscrit inédit de M. Charles Constant, qui s'appelle *Molière à Fontainebleau* (1661-1664). C'est le livre de M. Raymond qui nous prouve que Molière était bien traité dans ses pérégrinations, puisqu'un ordre retrouvé dans les archives de Pézenas intime aux consuls de la ville de mettre en réquisition les charrettes nécessaires pour transporter le petit théâtre de Molière et sa troupe. Un reçu fort curieux, trouvé dans les archives de Montpellier, par l'archiviste du département de l'Hérault, M. Louis Lacour de la Pijardière, nous montre encore que Molière était loin d'être misérable, puisqu'il recevait, en 1656, du trésorier des États du Languedoc, la somme de 6.000 livres, somme considérable pour le temps. Molière, au surplus, qui devait mourir fort riche, était aussi très généreux. Lors de son séjour à Lyon, Molière abandonna, par exemple, le montant de la première représentation, qu'il donna au profit de l'hôpital de la ville. En 1658, à Rouen, il fait de même au profit de l'Hôtel-Dieu. Le poète Dassoucy, qui fut recueilli par Molière et sa troupe et navigua avec les comédiens sur le Rhône, raconte fort gaiement comment on le nourrissait et comment il engraissait chez Molière et les Béjart :

> Qu'en cette douce compagnie
> Que je repaissois d'harmonie,
> Au milieu de sept ou huit plats,
> Exemt de soin et d'embarras,
> Je passois doucement la vie !
> Jamais plus gueux ne fut plus gras !

Dassoucy devait — naturellement — payer ces bons repas par une complète ingratitude, et on le rencontrera plus tard parmi les écrivains hostiles à Molière. C'est l'histoire de tous les jours. On paie le bienfait par l'insulte. C'est ce qu'on peut appeler d'étranges visites de digestion.

II

Molière passa, tour à tour, à Nantes, à Poitiers, à Limoges, à Lyon, à Narbonne, à Avignon, à Pézenas ; plus tard, il devait voyager en Normandie, la patrie de l'huissier Loyal ; et comme il allait rencontrer M. de Sottenville en Lorraine, Georges Dandin en Poitou, il allait aussi découvrir M. de Pourceaugnac à Limoges.

Chose curieuse, on n'a pas de documents certains sur le passage de Molière à Limoges, où, cependant, il a dû certainement éprouver quelque mésaventure dont il s'est vengé en écrivant *Monsieur de Pourceaugnac*. Il n'existe sur la tournée de Molière en Limousin que des traditions locales, que j'ai consultées et qui, après tout, ne laissent aucun doute sur ce qui advint là à Molière. Molière fut sifflé à Limoges, voilà ce qui est à peu près certain. Il paraît qu'il fut sifflé dans un de ses rôles tragiques, qu'il jouait moins bien que ses rôles comiques. Bref, sifflé dans une pièce de Corneille ou dans une farce composée par lui-même, Molière garda une certaine rancune aux Limousins, et il écrivit *Monsieur de Pourceaugnac*.

D'autres veulent que ce soit simplement pour se moquer des excentricités du maréchal de La Feuillade, qui se vantait de tenir de Dieu et de son épée le titre de vicomte d'Aubusson, que Molière ait composé *Monsieur de Pourceaugnac*. Je m'en tiens à la tradition la plus répandue ; et je crois, en effet, que Molière, sifflé à Limoges, se mit, à son tour, un beau soir, à siffler les Limousins.

Était-ce donc un mauvais acteur que Molière, même dans ces rôles tragiques où, paraît-il, il se montrait inférieur ? Tous les témoignages contemporains nous permettent d'affirmer, au contraire, que nul comédien de sa troupe ni de son temps ne fut supérieur à lui. L'admirable Michel Baron, le premier en date des grands tragiques français, avait été son élève, ce qui permet déjà de supposer que Molière tragédien avait un certain talent ; mais dans les rôles comiques, personne encore ne s'est avisé de contester à l'auteur du *Misanthrope* une grande supériorité. En effet, le principal argument que ses rivaux et ses détracteurs (et Dieu sait s'il en eut !) produisent, de son temps, contre ses pièces, est, à peu près, celui-ci : « Elles sont bonnes parce qu'il les joue. Mais on verra dans quel oubli elles tomberont lorsqu'il ne sera plus là pour les interpréter ! » Molière n'était d'ailleurs excellent, paraît-il, que dans ses propres ouvrages, ce qui revient à dire qu'il ne jouait remarquablement que lorsqu'il sentait profondément. Il lui fallait sa propre inspiration, sa propre pensée à traduire. Dans son *Théâtre,* ce qui est certain, c'est qu'il se réserva à peu près les meilleurs rôles. S'il jouait Albert dans *le Dépit amoureux,* ce fut lui qui créa Arnolphe dans *l'École des Femmes,* Sganarelle dans *Don Juan,* Alceste dans *le Misanthrope,* Orgon dans *Tartuffe,* Harpagon dans *l'Avare,* Scapin dans *les Fourberies de Scapin,* Argan dans *le Malade imaginaire.*

Il avait une voix charmante, profonde et harmonieuse. Une sorte de hoquet, et plus tard une petite toux, coupaient régulièrement les phrases qu'il débitait. La toux venait de la maladie qui le consumait; mais pour le hoquet, c'était lui-même qui se l'était en quelque manière imposé. Comme il parlait avec trop de volubilité à ses débuts, il s'était contraint, en effet, à scander son débit par ces sortes de volontaires temps d'arrêt. Ses moyens de comique consistaient dans un perpétuel changement de physionomie. On voit aussi, dans les écrits du temps, qu'il faisait beaucoup rire d'ordinaire en gonflant ses joues. On loue également l'art parfait qu'il avait des petites nuances, des petits gestes, des tics d'un personnage. Il jouait à la fois d'une façon très large et très tenue, et, si je puis dire, il devait avoir, à en juger par ce qu'on nous en rapporte, des effets de scènes « détaillés » à la Bouffé.

« Il estoit tout comédien depuis les pieds jusqu'à la teste, écrit au lendemain de sa mort un de ses panégyristes (De Visé, sans doute) dans *le Mercure galant;* il sembloit qu'il eût plusieurs voix; tout parloit en luy, et d'un pas, d'un sourire, d'un clein d'œil et d'un remuement de teste, il faisoit concevoir plus de choses que le plus grand parleur n'auroit pu dire en une heure. Il faisoit jouer jusques aux enfants. On voit par là que ce n'est pas sans raison qu'il disoit qu'il feroit jouer jusques à des fagots. »

Molière devait, certes, être un admirable maître en fait de diction et de tenue ; et il suffit, pour s'en convaincre, de lire la recommandation qu'il donne aux comédiens dans son *Impromptu de Versailles*. C'est dans cet *Impromptu* qu'on le voit lui-même imiter les comédiens du théâtre rival de l'Hôtel de Bourgogne. Voilà bien encore une particularité à noter : Molière avait un talent tout spécial pour imiter les acteurs, ses confrères. Cet art spécial de l'imitation, que les Parisiens aiment toujours beaucoup, et qui fait d'ordinaire le succès de *l'acte des théâtres* dans les revues de fin d'année, Molière le possédait d'une façon très développée. C'était là un de ses succès, lorsqu'il se trouvait entre amis ou qu'on l'invitait à quelque fête. Mais, sur son théâtre même, il se plaisait à contrefaire ses camarades ou plutôt ses rivaux ; et il y obtenait presque toujours les applaudissements les plus vifs et les rires de l'assemblée.

On a remarqué, par exemple, que dans *l'École des Femmes* Arnolphe dit à Agnès un vers tout entier qui se retrouve dans une tragédie de Corneille, *Sertorius,* représentée la même année que *l'École des Femmes* (1662). Lorsque Arnolphe apprend de la bouche d'Agnès que le galant qui la courtise est entré dans la maison, il s'écrie :

> . . . . C'est assez ;
> Je suis maître, je parle, allez, obéissez !

Or, ce vers devait avoir été précisément mis par lui dans *l'École des Femmes* pour lui donner l'occasion d'*imiter,* de parodier le comédien qui prononçait le même vers, au même moment, sur la scène du Théâtre du Marais. Il est curieux, je pense, de rencontrer Molière parmi les précurseurs des comédiens spéciaux qui doivent leur succès à ces amusantes *imitations.*

Mais ce qui est plus inattendu sans doute, c'est que Molière fut un précurseur des conférenciers d'aujourd'hui. Oui, il aimait à expliquer ses pièces du haut de la scène, à adresser quelque oraison familière à ses spectateurs habituels, lorsque arrivaient les renouvellements de saison, les fêtes de Pâques. C'est un comédien de sa troupe, Marcel, qui nous a laissé cette tradition. « Il se faisoit, dit Marcel, un plaisir sensible de conduire sa petite République; il aimoit à parler en public, il n'en perdoit jamais l'occasion, jusques là que, s'il mouroit quelque domestique de son théâtre, ce lui étoit un sujet de haranguer pour le premier jour de comédie. » Nous verrons tout à l'heure que la facilité de parole de Molière lui fut très utile dans une circonstance décisive.

Donc, pour revenir aux voyages de Molière, et en nous basant sur les recherches les plus récentes, nous rencontrons Molière à Nantes, en 1648, dans la troupe de Charles Dufresne; en mai 1649, à Toulouse; en 1650, à Narbonne; puis Molière devient le chef de la compagnie et l'*impresario* du théâtre. Il est à Béziers en 1654; en 1655, à Lyon; et de là il se rend à Pézenas, où il se fixe dans le domaine de la Grange-des-Prés, pour rayonner sur les pays circonvoisins, Marseillan, Mèze, Gignac, Montagnac,

Lavagnac, et autres noms en *gnac,* où il perdit, hélas! une valise qui contenait des œuvres inédites et à jamais ignorées.

Le séjour de Molière à Pézenas est demeuré légendaire. La peinture et le théâtre nous ont, tour à tour, montré Molière s'asseyant chez le barbier Gély, place du Marché-aux-Grains, tous les samedis, jours de marché, dans ce grand fauteuil historique dont la famille du docteur Astruc reste propriétaire. On a remarqué que cette stalle de chêne, rongée des vers, a pour siège une espèce de coffre dont le couvercle est maintenu par une serrure et troué, en deux endroits, comme une tirelire. C'est dans ce coffre et par ces trous que le barbier faisait glisser et enfermait sa recette : d'un côté les pièces d'argent et de l'autre les pièces de cuivre. Le fauteuil de Molière était la caisse de Gély. Sur les habitudes et l'humeur de Molière à Pézenas, nous avons fort heureusement un témoignage presque direct, quasi contemporain : les traditions fort curieuses que nous a laissées Cailhava.

Parmi les gens qui se sont fait connaître pour les admirateurs les plus ardents de Molière, il faut citer ce Cailhava, de Narbonne, membre de l'Académie française, critique et auteur dramatique d'une valeur fort secondaire, mais qui, pour nous, a du moins le mérite de nous avoir légué sur Molière ces traditions dont l'histoire peut profiter. Il avait pour Molière l'admiration la plus passionnée; il gardait un véritable culte à la mémoire de ce grand homme. Lorsqu'on déterra, dans le cimetière Saint-Joseph, les ossements de Molière, Cailhava, qui était déjà bien vieux, car il comptait soixante-douze ans passés, voulut cependant assister à la cérémonie funèbre. Il prit la tête de Molière entre ses mains et la baisa *religieusement*, dit-il, en versant des larmes attendries. C'est Cailhava qui parvint à obtenir de je ne sais qui une dent de Molière; il la fit enchâsser dans le chaton d'une bague, et la porta toute sa vie à son index comme un talisman. Ce talisman ne fit pas faire à Cailhava de meilleures pièces; mais il lui causa du moins des satisfactions intimes; et c'est tout ce que demandait le brave homme dont nous avons vainement cherché la tombe dans le vieux cimetière de Sceaux.

Vers l'année 1750, c'est-à-dire quatre-vingt-trois ans après la mort de Molière, Cailhava, dans toute la ferveur d'un débutant et d'un croyant qui se rend en pèlerinage aux endroits visités par le maître, parcourait pas à pas ce Languedoc où le souvenir de Molière était encore, pour ainsi dire, vivant; et il recueillait sur place les traditions qui restaient dans le pays sur la troupe du grand comique, sur sa vie, ses habitudes, son esprit et son cœur. Cailhava se proposait même d'écrire tout un livre sur ces souvenirs, qu'il se plaisait, dans sa vieillesse, à raconter à ses amis. Quelques-uns prétendent bien que le livre des *Souvenirs* fut écrit; mais, qu'il l'ait été, oui ou non, la vérité est qu'il est perdu et qu'on ne l'a pas trouvé dans les papiers laissés par Cailhava.

Fort heureusement, M. Louis Galibert (Emmanuel Raymond), qui a consacré tout un volume spécial à l'histoire des pérégrinations de Molière dans le Languedoc, a pu, étant fort jeune, recueillir de la bouche même du vieux Cailhava quelques-unes de ces traditions qui nous montrent un Molière improvisateur, presque farceur, dirais-je

volontiers, et s'amusant à des charges demeurées célèbres
cent ans après lui dans les villes qu'il parcourait aux premières heures de sa vie.

Un jour, Molière arrive à Pézenas, de retour d'une excur-
sion faite à Mèze, et, fatigué, s'assied, ou plutôt se laisse
tomber dans le grand fauteuil du barbier Gély. Il avait l'air
de fort mauvaise humeur, comme un homme qui a perdu
sa journée. On lui demande ce qu'il a, et tout aussitôt,
avec une verve incroyable, il se met à conter le déjeuner
qu'il vient de faire à Mèze, où il a été littéralement assailli
par une compagnie de marchands provençaux qui l'ont
accablé de leurs récits, ennuyé de leurs contes, assourdi
de leur accent. Et Molière, aux yeux ébahis des clients du
barbier, contrefaisait, tout en parlant, les exagérations pro-
vençales des marchands, leurs gestes précipités, leurs con-
torsions, leur grasseyement marseillais. « La tradition, dit
M. Raymond, assure que Molière excellait dans cette charge,
que l'on était convenu d'appeler *le Déjeuner de Mèze*. »

Un autre jour, Molière s'amusait à conter l'amusante
rencontre qu'il venait de faire en la personne d'un certain
monsieur Polydore de La Roustecagnac fils, dont le père
habitait la ville de Pézenas, Grand'Rue de Pézenas, à
Pézenas même, dans l'hôtel Roustecagnac. Molière, paraît-il, était fort divertissant en contrefaisant le style de ce
gentillâtre ruiné, qui promenait de par le monde ses haillons et son épée rouillée, tout en parlant de ses aïeux à
tort et à travers. Si nous en jugeons d'après ce que Cailhava
en racontait, ce M. de La Roustecagnac, que Molière n'a
pas eu le temps de placer dans une de ses comédies, était
une sorte de don César de Bazan languedocien, qui nous

eût fort divertis si le grand comique l'eût encadré dans son théâtre.

Molière rencontre, entre chien et loup, dans un chemin de traverse, ce bohémien sans sou ni maille et qui se prétend gentilhomme.

« Ne faites pas attention si je prends une telle route, dit M. de la Roustecagnac ; je suis obligé de me soustraire aux ovations des gens de Pézenas, et ma rentrée ferait trop de bruit dans la ville, si je me hasardais à y revenir en plein jour.

— Mais vos vêtements sont légèrement usés, monsieur de la Roustecagnac ?

— *Ne faites pas attention !* Si j'avais arboré une mise trop coquette, eh ! donc j'eusse excité peut-être la jalousie de tous ceux de Pézenas qui m'eussent rencontré ! Aussi ai-je laissé mes bagages en arrière.

— Mais enfin, pourquoi rentrer dans vos foyers la nuit, furtivement ?

— Silence ! C'est que j'ai l'affaire la plus importante et la plus urgente à communiquer à mon père, M. de la Roustecagnac, de Pézenas, à Pézenas, Grand'Rue de Pézenas ; et je ne voudrais pas que personne au monde pût croire que je suis revenu chez moi. La moindre indiscrétion pourrait nuire au succès. »

J'ai cité cette sorte de *scénario* de Molière afin de donner une idée des plaisanteries qu'il inventait pour se divertir, ou des types qu'il trouvait en chemin et qu'il fixait en sa mémoire. Il est évident que ces menus souvenirs ne sont intéressants que parce que le nom de Molière y est mêlé. Mais, en vérité, ces petites scènes inconnues ont bien leur prix ; et j'en vais redire encore deux que Cailhava recueillit sans quitter la fameuse boutique du barbier Gély.

Le barbier était sorti, un matin, allant barbifier quelques clients de par la ville ; et Molière était assis dans son éternel fauteuil, lorsque entre en ouragan le messager de la petite ville d'Aniane, butor et niais qui, prenant Molière pour un garçon perruquier, lui dit brutalement :

« Eh ! toi, rase-moi, et promptement ! »

Molière cherche à s'excuser, à expliquer la méprise ; mais le lourdaud de voiturier le pousse par l'épaule, et tout en s'asseyant, dénoue sa cravate et répète en haussant la voix :

« Allons, vite ! »

Molière en prit assez promptement son parti. A la guerre comme à la guerre ! Il cherche les rasoirs, la houppe, passe la serviette au cou du messager, lui barbouille le visage de mousse, et tout en savonnant le menton du vilain :

« Monsieur est étranger dans le pays ? demande-t-il d'un air très calme et très étonné.

— Oui ! mais j'y viens souvent, répond le messager d'Aniane, en se carrant sur sa chaise avec cette volupté de l'homme qui se délasse en se faisant raser.

— Monsieur n'a pas été attaqué en chemin ? continue Molière.

— Attaqué ! Comment attaqué ?

— Monsieur n'a pas rencontré les routiers, les huguenots, les incendiaires ?

— Quels incendiaires ? Quels routiers ? Quels huguenots ?

— Ah ! monsieur ne sait pas ? continue alors Molière

tout en tenant la savonnette. C'est que les malandrins sont descendus brusquement des Cévennes, ont envahi le pays bas, pillé, volé, brûlé, rançonné, mis à feu et à sang Pézenas et ses environs !

— Misère ! » s'écrie le messager.

Et tout aussitôt, le voilà plus blanc que la mousse dont Molière le couvre. Il tremble ; sa peau devient de la chair de poule ; le rasoir ne glisse pas. Molière, impassible, de continuer encore :

« Nous nous attendons à toute heure à être détroussés. Maître Gély, mon patron, n'a point reparu. Il doit être pendu à cette heure. C'est l'abomination de la désolation ! »

Cette fois, le messager n'y tient plus. Il arrache sa serviette d'un geste convulsif, il se plonge la tête dans l'eau et, à demi vêtu, s'enfuit désespéré pour ne plus reparaître que fort longtemps après dans la boutique du barbier de Pézenas.

Molière appelait cette scène *la Barbe impossible ;* « et c'est, ajoute M. Raymond, sous ce titre qu'elle fut transmise de génération en génération dans la ville, jusqu'à l'époque où Cailhava l'a recueillie. »

III

Après *la Barbe impossible,* il faut peut-être raconter encore *la Lettre improvisée.* C'est toujours une comédie où

Molière joue, pour s'amuser, le principal rôle. La scène est également dans l'officine du barbier Gély. Une fillette de Pézenas, jolie, jeune, fraîche, et fort niaise, avait un amoureux au service du roi. Elle reçoit un jour du galant une lettre, venue de Paris, ou de Versailles ou de Flandres, et ne sachant point lire, elle va tout droit chez le barbier Gély, puis, timide et rougissante, tendant sa lettre :

« *Escusatz, mestré Zély! Boudriotz pas mé lejji aquesto létro ?*

— Te lire ta lettre ? Et pourquoi pas, petite ? Mais, au fait, ajoute le barbier, en ce moment occupé à quelque besogne, voilà un monsieur — et il montre Molière — qui te la lira mieux que moi! »

Molière sourit, prend la lettre, la décachète, la lit, la trouve bien vulgaire, bien insignifiante, bien plate, et, pour faire plaisir à la jeune fille ou pour passer un moment, il se met à remplacer les deux ou trois phrases absurdes du porteur de mousquet, par une improvisation soudaine :

« Chère amie, j'ai assisté à une rude et longue bataille où je me suis distingué comme il faut ; le malheur a voulu qu'un damné éclat de bombe vînt me fracasser le bras... »

A ces mots, la jeune fille pousse un cri ; elle interrompt la lecture :

« *Ai, moun Dious! Jésus, nostré Seigné! lou paouré méou!* »

Molière comprend que son improvisation l'a entraîné trop loin. Il avait conduit le milicien à l'hôpital, il se hâte de l'en faire sortir.

« ... L'habileté des chirurgiens a triomphé bien vite de

la gravité de la blessure, et, au moment où je t'écris, je suis en pleine convalescence ! »

Et, tout aussitôt, la jeune fille renaît, respire, le sourire revient à ses lèvres roses. Mais ce diable de Molière — en chirurgien de l'âme qu'il est — tient à pousser plus loin l'expérience. Il dose sur cette fillette la joie et la douleur.

« Ma guérison presque miraculeuse, continue-t-il, a même fait grand bruit et m'a valu la visite des plus nobles personnages, et des plus belles dames de la ville. L'une d'elles — faut-il le dire ? — s'est éprise pour moi d'un violent amour, et, ma pauvre amie, elle veut aujourd'hui absolument m'épouser.

— L'épouser ! l'épouser ! » interrompt la paysanne. Et de nouveaux cris, de nouveaux pleurs. Elle s'évanouira si le docteur Molière ne lui vient pas en aide.

« Oui, m'épouser. Mais je suis demeuré ferme comme un roc, et je n'ai pas écouté les brillantes propositions qu'on m'a adressées ; je n'ai eu qu'à rechercher les gages d'amour que tu m'a donnés lors du départ, et que j'ai toujours gardés sur mon cœur, et à me souvenir que tu m'aimais, pour te rester fidèle, cette fois, comme toujours !

— Et c'est tout ! » fait Molière, en rendant la lettre à la pauvre fille, rouge de plaisir, qui la serre, comme un trésor, dans sa gorgerette, en disant radieuse : « *Plo mercio, moussu !* »

Et comme elle s'en allait conter qu'elle avait reçu une lettre de son promis, qu'il avait fait là-bas des prodiges, que les belles dames l'adoraient, qu'il se moquait des belles dames, et qu'il reviendrait tantôt l'épouser quand il serait sans doute sergent, les envieuses et les jalouses lui demandaient à voir cette miraculeuse lettre. Elle la montrait, on regardait, on épelait, et l'on riait alors de la crédule. Mais elle, certaine que le *Monsieur* n'avait point menti, arrachait le papier des mains de ses compagnes, et tout heureuse, toute fière :

« *Laissat aco!* disait-elle, *aoù sabetz pas ta fla lejji coumo lou Moussu dé can Zély!* Laissez cela, vous autres ; vous ne savez pas aussi bien lire que le Monsieur de chez Gély ! »

J'ai tenu à le peindre ainsi, par lui-même, pour ainsi dire, ce *Monsieur de chez Gély,* qui sera un jour l'auteur de *Tartuffe* et du *Misanthrope.*

Mais Molière n'était pas seulement le faiseur de plaisanteries et de farces que voilà ; on peut dire de lui, encore un coup, ce que Scarron dit du comédien *Destin,* qui, je le répète, a plus d'un rapport avec Molière : « Il était excellent comédien, vaillant, honnête homme, entendu… Il avait de l'esprit et faisait voir qu'il avait été bien élevé… Parlant peu, généreux autant qu'on peut l'être. » On le voit, Destin, c'est Molière vivant.

Tout en courant les chemins, tout en donnant dans les villes de province ses représentations dont on affichait la composition par des affiches manuscrites, ou dont on faisait publier le programme à son de trompe par le crieur de la cité, Molière écrivait déjà ses comédies, non seulement ses bouffonneries perdues aujourd'hui, *le Docteur Amoureux, Gorgibus dans le sac, les Trois Docteurs rivaux,* etc., etc., mais encore des comédies véritables, *l'Étourdi,* qu'il fit représenter à Lyon pour la première fois, et *le Dépit amoureux* qu'il donna au public de Béziers. Grimarest prétend aussi qu'il fit jouer en province *les Précieuses ridicules,* mais il se trompe, et *les Précieuses ridicules* furent écrites et jouées à Paris.

A cette époque, Molière manqua d'ailleurs ne plus être Molière, j'entends qu'il faillit quitter le théâtre, car le prince de Conti, qui l'estimait, lui proposa de le prendre et de le garder pour secrétaire. La situation offerte, secrétaire d'un homme qui était gouverneur d'une province de France et vice-roi de Catalogne, était fort tentante, mais Molière refusa : « Non, dit-il au prince, je suis trop fantasque et trop indépendant. » Sans ce besoin de liberté qu'avait Molière, nous aurions eu peut-être un bon secrétaire de vice-roi de plus, mais des chefs-d'œuvre de moins. Et même aurions-nous aujourd'hui ces chefs-d'œuvre, si Molière, au lieu d'être directeur de théâtre, c'est-à-dire maître de lui-même et de son inspiration, avait dû, au contraire, se soumettre aux nécessités que « la lutte pour la vie » impose à un directeur? Je trouve dans les *Sonnets Capricieux* de Joseph Autran une exquise réponse à ma question. Cela s'appelle *Un Début*.

UN DÉBUT

J'eus une vision, l'autre nuit, singulière.
Où ne s'égare pas, en dormant, la raison?
Sous des traits inconnus je rêvai que Molière,
Jeune, venait frapper au seuil de sa maison.

L'illustre comité s'assemble à sa prière :
Il s'agit d'un travail qu'apporte ce garçon;
On s'assied, et l'auteur, d'une voix douce et fière,
Lit une comédie en vers de sa façon.

L'écrivain fut jugé sans parti pris hostile.
On trouva son essai remarquable de style;
Nulle intrigue, d'ailleurs, trop de simplicité.

Il sortit à la fin, triste, l'âme abattue,
Et, refusé par eux à l'unanimité,
N'osa pas, en chemin, regarder sa statue!

Le sonnet est piquant; mais je ne crois pas que l'aventure soit possible.

Fort heureusement, au surplus, Molière était directeur et chef de troupe; son génie pouvait librement déployer ses ailes. Mais c'était vers Paris, la double patrie du Parisien, qu'il avait hâte de voler. En 1658, après avoir passé le carnaval à Grenoble, il se rapprocha donc de la capitale, ce foyer de toute lumière. Il vint à Rouen, il y connut les deux Corneille. Il faisait parfois, secrètement, des voyages à Paris. On commença à parler de lui, de ses succès, jusque dans l'entourage du roi. Monsieur, le frère de Louis XIV, présenta même, une fois, Molière à Louis XIV et à la reine-mère. Le roi, fort amateur de théâtre, et qui, pour le moment, adorait les bouffons italiens, manifesta le désir de voir de près ces bouffons français.

La troupe de Molière quitta donc Rouen et vint à Paris jouer, pour une fois, devant Sa Majesté. Tous les cœurs des pauvres comédiens battaient bien fort, et l'entreprise était hardie! D'un sourire ou d'un froncement de sourcil de Louis XIV dépendait leur avenir. S'ils plaisaient, la place à Paris était conquise; s'ils déplaisaient, il fallait repartir pour la province, reprendre la route du hasard, l'existence de grands chemins, les repas en plein air, les sommeils dans les granges, les rencontres des hôtelleries, tout le *Roman tragique* des tristes Ragotins!

Ce fut le 24 octobre 1658 que Molière et sa troupe jouèrent pour la première fois devant Leurs Majestés. On avait dressé pour eux un théâtre dans la salle des gardes du vieux Louvre.

Les comédiens de l'Hôtel de Bourgogne, les futurs rivaux, les acteurs à la mode, étaient présents. Toute la cour attendait. Le roi, impassible, allait juger. D'abord on joua *Nicomède,* le *Nicomède* de Corneille. L'assistance demeura froide, et, à mesure que la pièce avançait, devenait plus réservée encore. On ne trouvait vraiment pas très surprenants ces comédiens de province, dont on avait dit tant de bien. Alors, Molière eut recours à un coup d'audace; il se souvint de ces harangues qui plaisaient si fort à son public de Rouen, de Lyon ou de Pézenas, et s'avançant tout à coup, au moment où *Nicomède* était achevé, il s'excusa des défauts de ses interprètes, remercia l'assistance, et, regardant les comédiens rivaux :

« L'envie que nous avions eue de divertir le plus grand roi du monde, ajouta-t-il, nous avait fait un peu oublier que Sa Majesté avait à son service d'excellents originaux dont nous ne sommes que de très faibles copies. Mais puisque Sa Majesté a bien voulu souffrir nos manières de campagne (Molière dirait *rurales* aujourd'hui), je la supplie très humblement d'avoir pour agréable que je lui donne un de ces petits divertissements qui m'ont acquis de la réputation, et dont, j'ose le dire, je régale les provinces.

— Va pour le régal des provinces! » répondit le roi.

Et alors Molière et ses acteurs entamèrent et jouèrent de verve une pièce en un acte, du vrai Molière, *le Docteur amoureux*. Il jouait le docteur. Il y mit toute sa malice et toute sa puissance. Il amusa, il dérida, dégela, entraîna. Il fut trouvé superbe et ses actrices parurent charmantes. Cette gaieté franche, hardie, bonne fille, bien française, bien gauloise, étonna et séduisit. Le roi se mit à rire; il était désarmé. Et comme le roi riait, les courtisans rirent aussi, et avec les courtisans les comédiens rivaux; mais ces derniers, sans doute, riaient jaune. Bref, le succès fut complet. L'enfant de Paris, Jean-Baptiste Poquelin, rentrait à Paris en vainqueur, aux éclats de gaieté de Sa Majesté Louis XIV. Le roi donna des ordres pour qu'il se fixât dans sa bonne ville. La salle du Petit-Bourbon lui fut accordée pour qu'il y jouât alternativement avec les Italiens, et la future, la noble et immortelle Comédie-Française, plus tard troupe de la nation, prit tout d'abord le titre de *Troupe de Monsieur*.

Le 3 novembre de cette année 1658, moins d'un mois après, Molière donnait *l'Étourdi* au public parisien; en décembre, *le Dépit amoureux;* et le 18 novembre 1659 il faisait représenter *les Précieuses ridicules,* préface spirituelle aux grands, aux éternels chefs-d'œuvre qui s'appellent *Don Juan, Tartuffe* et *le Misanthrope*.

Ici finissent les voyages de Molière. A partir du jour où cet enfant de Paris reprend pied sur le sol parisien, on peut dire qu'il n'a plus à chercher sa voie, à hésiter, à courir, à voyager : il est arrivé.

Il est arrivé, — et la France compte un génie de plus,

génie de sympathie et de clarté, un de ces êtres qu'on aime autant qu'on les admire, un de ces privilégiés qui ne redoutent ni le temps, ni la mode, et qui sont, à l'heure où leur pays subit une éclipse passagère, les étoiles de gloire reparaissant toujours au ciel un moment obscurci, et qui brillent, — plus superbes peut-être après l'orage, — étoiles ou lueurs de phares, dont la lumière semble dire, attirante parmi les ténèbres :

« Venez à moi ! je suis l'âme même de la race, je suis le sang et le suc de la terre natale, je suis la vérité, je suis le beau et le bien, je suis la raison, je suis la patrie, je suis la France ! »

JULES CLARETIE.

Lettre à la ville de Pézenas

Lettre à la ville de Pézenas

Lue à l'inauguration de la statue de Molière à Pézenas, le 8 août 1897, au nom de M. Jules Claretie, administrateur de la Comédie-Française, par M. Mounet-Sully, doyen de la Compagnie.

———

L'ADMINISTRATEUR de la Comédie-Française devait prendre la parole pour célébrer aujourd'hui Molière et remercier, au nom de sa Maison, la ville de Pézenas d'honorer avec tant de cœur, d'élan, d'enthousiasme et de magnificence, l'admirable peintre de la nature humaine qui est une des gloires les plus incontestées de la patrie française, un des plus lumineux génies dont s'honore l'humanité.

C'est à Pézenas même que je voulais écrire le discours que je devais prononcer pendant cette fête de Molière. Je voulais me pénétrer de l'atmosphère de la claire et hospitalière cité qui a abrité les premiers rêves de l'auteur du *Misanthrope*.

Je voulais évoquer l'image de Molière à travers vos pittoresques carrefours. Je me disais qu'il me serait possible, peut-être, de retrouver, près de l'endroit où fut la boutique légendaire du barbier, le fantôme même de Poquelin, d'un Poquelin jeune, pensif, battant le pavé, courant les grandes routes, songeant à la conquête de Paris, et, en attendant qu'il conquît la faveur du Roy, souriant, en passant, au verbe clair et au rire sonnant de sa Lucette. Je me disais que la légende est presque toujours plus vraie que l'histoire, et qu'un voyage à Pézenas, à la recherche de Molière jeune, c'était un peu comme une course au nid d'où l'aigle a pris sa volée.

« Vous le retrouverez, en quelque sorte, rêvant dans les carrefours de la jolie ville, » me disait celui des comédiens de la Maison qui a le plus poussé à l'édification du monument que Pézenas inaugure aujourd'hui.

Et avant cette représentation où les artistes de la Comédie-Française vont faire applaudir Molière, je voulais, au nom de toute la Compagnie qui se réclame fièrement du maître immortel, remercier la cité du beau pays de l'Hérault qui a marqué, par l'œuvre admirable d'un sculpteur illustre, sa reconnaissance — celle de la patrie tout entière — pour l'homme qui incarne supérieurement le génie français et dont le rire généreux, la raison armée, le bon sens alerte et souverain, la santé d'esprit, donnent à l'étranger la plus complète idée de ce qu'est l'âme simple, forte, solide et humaine, l'âme même de la France.

Mais il ne m'est pas permis d'assister à la glorieuse cérémonie. C'est de loin, c'est par la voix autorisée du Doyen de la Compagnie que je remercie la ville de Pézenas au nom de la Maison de Molière.

La vaillante cité, artistique et littéraire, donne aujourd'hui un grand exemple. Elle célèbre Molière à ses débuts. Elle salue le *Contemplateur* à l'heure lumineuse de la jeunesse.

Je voudrais voir suivre un tel exemple ; et si mes compatriotes de Limoges voulaient répondre par un trait d'esprit à un éclat de rire qui traverse les siècles, ils élèveraient, eux aussi, un monument à l'auteur de *Monsieur de Pourceaugnac,* le gentilhomme limousin non moins berné que *Don Quichotte,* et non moins honnête homme que lui.

Honnête homme, c'est précisément le titre suprême qu'on pourrait décerner à ce génie complet que fut Molière !... D'autres ont une fantaisie et semblent avoir un éclat qu'il dédaigne. Aucun homme ne fut plus que lui *un homme,* un exemplaire plus parfait de ce que peut produire la nature humaine lorsqu'elle rêve un chef-d'œuvre de vie intellectuelle et morale : un être d'élection, probe, tendre, bon, se moquant du vice et des méchants sans méchanceté, compatissant aux braves gens, sévère à Célimène, souriant à Henriette, et vrai Français de la vieille France, prêt au sacrifice et au devoir, aussi haut dans son caractère que dans son génie, mourant à son poste et allant jouer sur son théâtre pour assurer, disait-il, le pain du jour à ses compagnons.

Cet hommage que je voulais lui porter, je le lui envoie, avec tous mes vœux pour les promoteurs de la belle cérémonie littéraire dont d'autres, plus heureux que moi, seront les témoins.

Je prie notre cher Doyen de lire ces lignes écrites à la hâte comme un remerciement et comme une excuse, comme le plus amer des regrets. Il sera bon qu'Hamlet salue Alceste au nom de la Comédie-Française et que l'interprète de Sophocle et de Shakespeare s'incline pour nous tous, serviteurs de la Maison de Molière, devant l'image de Molière saluée par la Muse du Languedoc symbolisant la Gaule elle-même.

Pour moi, je serai loin de ces fêtes, et je n'y serai que par la pensée, par l'espérance, par le cœur.

A Molière, dont j'irai seul, quelque jour, saluer l'image, après la solennité d'aujourd'hui, en pleine lumière et en plein soleil!

A Molière — et à la ville de Pézenas — le souvenir et la reconnaissance de la Comédie-Française!

Théâtre Moliéresque

Le Barbier de Pézenas

COMÉDIE EN UN ACTE

EN VERS

*Représentée pour la première fois, à Paris, sur le théâtre de l'Odéon,
le 15 janvier 1877.*

EN COLLABORATION AVEC LÉON VALADE

PERSONNAGES

ACTEURS
qui ont créé les rôles.

MOLIÈRE, trente ans. . . . . MM. Porel.
GÉLY, maître barbier. . . . . Tousé.
POLYDORE DE LA ROUSTECAGNAC. . Sigard.
LE MESSAGER D'ANIANE. . . . . François.
PREMIER CLIENT. . . . . Fréville.
DEUXIÈME CLIENT. . . . . Gibert.
TROISIÈME CLIENT. . . . . Hermet.
CLAUDINE, dix-huit ans. . . . . Mlles Kolb.
LE GARÇON DE GÉLY. . . . . Valentine.

A Pézenas, dans la boutique du barbier Gély.

Le Barbier de Pézenas

SCÈNE PREMIÈRE

MOLIÈRE, GÉLY, *puis* CLAUDINE.

GÉLY, *achevant de raser Molière.*

C'est fait, monsieur Molière.

MOLIÈRE.

Et fait on ne peut mieux !
Maître Gély, vraiment vous êtes merveilleux ;
Grâce à votre rasoir, qu'on me prônait d'avance
Pour sa lame trempée aux sources de Jouvence,
Me voilà rajeuni.

GÉLY.

Vous êtes donc bien vieux,
A trente ans ?

MOLIÈRE.

J'en ai cent par les jours pluvieux!

GÉLY.

Mais il fait grand soleil, et Pézenas flamboie
Sous un ciel tout azur.

MOLIÈRE.

Aussi j'ai l'âme en joie.

GÉLY.

Gageons que vous avez dîné, vous!

MOLIÈRE.

Oui. Pourquoi
Cette question?

GÉLY.

C'est... que je suis à jeun, moi,
Et que je meurs de faim!

MOLIÈRE.

Eh bien! qui vous empêche
D'arroser un bon plat d'une bouteille fraîche?

GÉLY.

Joseph ne revient pas de chez le Président;
Je suis seul.

MOLIÈRE.

Baste! allez vous mettre sous la dent
Quelque chose, Gély. Je garde la boutique.

GÉLY.

Vous? Oh!

MOLIÈRE.

Je répondrai, s'il vient quelque pratique.

GÉLY.

Raserez-vous ?

CLAUDINE, *entrant, à Gély*.

Monsieur ! la soupe refroidit
Depuis un grand quart d'heure !

GÉLY, *avec humeur*.

Et ce garçon maudit
Ne rentre pas !...

CLAUDINE.

Monsieur ! je vous dis que la soupe
Est froide !

GÉLY.

Bien, Claudine !

MOLIÈRE.

Allez, Gély. Ma troupe
A cette heure, parbleu ! peut se passer de moi.
Vos clients attendront en bavardant.

GÉLY.

Ma foi,
J'accepte ! Peu d'entre eux sont venus, et je tremble
De les voir tout à l'heure arriver tous ensemble.
Je me hâte, excusez...

MOLIÈRE.

Bon ! ne vous hâtez pas.

Une sage lenteur règle les bons repas ;
Et lorsque l'on s'étouffe en avalant trop vite,
C'est aux héritiers seuls que la chère profite !

GÉLY.

Si je dois étouffer, c'est de rire, un beau jour
Qu'à mes pauvres clients vous jouerez quelque tour.
Ménagez-les un peu !

Il va pour sortir, puis revient.

Pardon, j'oubliais...

MOLIÈRE, *se levant du fauteuil où il est assis.*

Qu'est-ce ?

GÉLY, *versant de la monnaie aux deux trous pratiqués
dans le coffre en bois du grand fauteuil.*

J'oubliais de verser ma monnaie à ma caisse.

MOLIÈRE.

Versez, maître Gély, versez dans les deux trous :
Ici l'argent ; et là, n'est-ce pas ? les gros sous.
Siège ou coffre, ce meuble est d'espèce indécise.

GÉLY, *riant.*

Je m'en sers pour avoir une fortune... assise.

CLAUDINE, *passant sa tête par la porte entre-bâillée.*

Monsieur !

MOLIÈRE, *riant et poussant Gély vers la porte.*

Bon appétit !

CLAUDINE.

J'ai faim ; venez manger !

SCÈNE II

MOLIÈRE, *seul.*

Brave homme! gai de cœur et de cerveau léger,
Dans ce joli pays qu'un ciel si doux caresse,
Il va toujours son train, sans émoi, sans paresse,
Ignorant les jours noirs, les désespoirs, l'ennui,
Gras, se multipliant... C'est le bonheur... pour lui!
Il a la comédie humaine à domicile;
Il s'acquitte, en riant, de son métier facile,
Et, loin de payer, lève un impôt sur l'argent
De tout ce monde absurde, inquiet et changeant.
Je viens, parbleu! moi-même apprendre en sa boutique
Ce que ne m'apprendraient ni la sagesse antique,
Ni les auteurs du jour. L'homme le plus banal
Devient, pour qui sait lire, un livre original;
Et bien souvent, c'est en taillant une bavette
Avec un sot, qu'on voit de quoi la vie est faite.
Voir, tout est là!

Entre le messager d'Aniane.

SCÈNE III

MOLIÈRE, LE MESSAGER.

LE MESSAGER.
Bonjour la compagnie!... Eh! toi,

Qu'as-tu donc à bayer aux mouches? Rase-moi,
Et plus vite que ça!...

MOLIÈRE.

Monsieur...

LE MESSAGER.

Debout! te dis-je.
Pourquoi regardes-tu mon nez, comme un prodige?
Tu me regarderas quand je serai rasé;
Je serai bien plus beau!

MOLIÈRE.

Mais...

LE MESSAGER.

C'est bon... trop jasé!

MOLIÈRE.

Je ne suis pas...

LE MESSAGER, *s'asseyant à une toilette.*

Voyons, tête et ventre! du linge!
Et puis la savonnette! Eh! va donc, jeune singe,
Au lieu de grimacer en te croisant les bras!
Tu pourras bavarder quand tu me raseras...
Je suis le messager; j'arrive d'Aniane.

MOLIÈRE.

Ah!

LE MESSAGER.

Je n'ai pas le temps d'attendre, tête d'âne!
J'ai vingt lettres encore à porter, triple oison!

Il s'en trouve une pour quelqu'un de la maison,
Au fait!

MOLIÈRE.

Ah?

LE MESSAGER, *lui donnant une lettre.*

Voilà, tiens!

MOLIÈRE, *regardant l'adresse.*

Elle est pour la servante
Claudine.

LE MESSAGER.

Allons, ma barbe!

MOLIÈRE, *à part, avec un embarras comique.*

Il faut donc que j'invente
Une barbe impossible!

LE MESSAGER.

Allons! je suis pressé;
Un autre aurait fini, tu n'as pas commencé!

MOLIÈRE, *riant.*

Baste! une fois en train, monsieur, j'ai la main prompte.

A part.

Je vais l'expédier plus vite qu'il ne compte!

Il savonne le messager.

LE MESSAGER, *déjà tout barbouillé.*

Me savonneras-tu pendant l'éternité?

MOLIÈRE.

Un moment!

LE MESSAGER.

Prends bien garde à mon grain de beauté.

MOLIÈRE, *mystérieusement.*

Vous n'avez rencontré personne sur la route ?

LE MESSAGER.

Non !

MOLIÈRE.

L'on ne vous a pas attaqué ?

LE MESSAGER.

Non, sans doute.
Dis-moi donc un peu, toi, qui m'aurait attaqué ?

MOLIÈRE.

Vous n'avez pas été suivi, surpris, traqué ?

LE MESSAGER.

Non, vrai Dieu ! je n'ai vu que quatre lavandières
Près du pont.

MOLIÈRE.

Les brigands et les incendiaires,
Vous ne les avez pas aperçus ?

LE MESSAGER.

Quels brigands ?
Que veux-tu dire avec tes airs extravagants ?

MOLIÈRE.

Ils ont pillé, brûlé, tué !...

LE MESSAGER.

Miséricorde !

MOLIÈRE.

Vous n'avez pas vu ?...

LE MESSAGER.

Quoi ?

MOLIÈRE.

Le fer, le feu, la corde !
Les huguenots maudits sont descendus, hélas !
Des montagnes ! Ils sont venus dans Pézenas.

LE MESSAGER, *se levant tout barbouillé de savon.*

Peut-être ils reviendront ?

MOLIÈRE.

Hélas ! mon pauvre maître,
Il ne reviendra pas de leurs griffes, peut-être !

LE MESSAGER.

Tu crois ?

MOLIÈRE.

Les bandits l'ont probablement pendu.

LE MESSAGER.

Pendu ?

MOLIÈRE.

Pendu !

LE MESSAGER.

Seigneur ! ai-je bien entendu ?

MOLIÈRE.

Ils nous pendront sans doute aussi, nous, tout à l'heure.
Mais votre barbe...

LE MESSAGER, *gagnant la porte.*

Non !

MOLIÈRE, *le retenant par ses vêtements.*

Du calme !

LE MESSAGER, *même jeu que plus haut.*

      Que je meure
Si je reste un instant de plus !

MOLIÈRE.

     Oh ! vous mourrez
En partant aussi bien qu'en restant... Demeurez !

LE MESSAGER, *même jeu.*

Adieu !

MOLIÈRE.

Vaut-il pas mieux que nous mourions ensemble ?

LE MESSAGER, *même jeu.*

Meurs tout seul ! Lâche-moi.

MOLIÈRE.

     Prenez garde ! il me semble
Voir un agneau courir au-devant du boucher...

LE MESSAGER, *se dégageant par un effort désespéré.*

Homme ou diable, à la fin, veux-tu bien me lâcher !

Il se sauve, encore tout barbouillé.

SCÈNE IV

MOLIÈRE, *seul, sur le pas de la porte.*

Attendez! — Où court-il? Il ne court pas; il vole,
Il a des ailes... oui, comme une dinde folle!...
Allons, bon! il trébuche!... Il tombe sur le nez...
Il reprend son élan... Les gens sont étonnés...
Il court, il va toujours... On l'apostrophe, on crie...
On crie : « Au vol! » On crie : « Au feu! » Quelle furie!
Le voilà disparu...

> *Rentre Gély.*

SCÈNE V

MOLIÈRE, GÉLY.

GÉLY, *qui a entendu les derniers mots du monologue.*

Qui donc?

MOLIÈRE, *quittant la porte.*

Personne.

GÉLY, *le menaçant du doigt et riant.*

Encor
Un tour de votre sac contre quelque butor?

MOLIÈRE, *riant aussi.*

J'ai tenté l'impossible ! Est-il quelque ressource,
Mon maître, pour raser les lièvres à la course ?

GÉLY.

Vous savez sans rasoir faire la barbe aux gens !
Quatre à quatre, malgré vos conseils obligeants,
J'avalais les morceaux, me disant : « Si je tarde,
Que va-t-il inventer ? »

SCÈNE VI

MOLIÈRE, GÉLY, ROUSTECAGNAC,
puis CLAUDINE.

ROUSTECAGNAC.

Bonnes gens, Dieu vous garde !

GÉLY.

Pour vous servir, monsieur de la Roustecagnac !
Bas, à Molière.
Vous reste-t-il encore un tour dans votre sac ?

MOLIÈRE, *de même, à Gély.*

Peut-être. Nous verrons...

ROUSTECAGNAC.

Maître Gély, l'épée
Que tu vois, ce matin fut d'un sang noir trempée.

GÉLY.

Ciel !

ROUSTECAGNAC.

J'avais rendez-vous, au fond du petit bois,
Avec une marquise, à laquelle parfois
Il m'est permis de rendre un tendre et juste hommage.
J'arrive. Elle me dit en son gentil ramage :
« Polydore ! pourquoi me faire attendre ainsi ? »
Je la console avec un baiser ; quand voici
Trois grands drôles, masqués de noir, portant cuirasse,
Qui sortent des taillis pendant que je l'embrasse
Et veulent arracher la belle de mon sein.
Je dégaîne, aussitôt que je vois leur dessein ;
Mon corps fait un rempart à la dame éplorée,
Et le premier des trois, la panse perforée,
Tombe ! Des deux coquins qui restent, l'un s'enfuit,
L'autre veut lutter ; mais, pour qu'il s'en aille instruit
Du respect que l'on doit aux dames non pareilles,
Je lui coupe, d'un coup preste, les deux oreilles !...

Au milieu du récit de Roustecagnac, Claudine est entrée,
apportant de l'eau chaude, et s'est arrêtée à écouter.

MOLIÈRE.

Quoi ! les deux à la fois ?

ROUSTECAGNAC.

Les deux, n'en doutez point !

Je les ai là, dans les poches de mon pourpoint ;
Vous allez voir.

Il fouille dans toutes ses poches.

Tiens ! tiens ! où donc sont-elles ?... Diantre !
Quelque chien trop goulu, n'ayant rien dans le ventre,
A dû les y happer sans vergogne, tandis
Que je réconfortais la belle, cadédis !

GÉLY.

Bravo !

MOLIÈRE.

Mais quels étaient ces ravisseurs de femmes ?

ROUSTECAGNAC.

Je crois savoir qui les soudoya, les infâmes.
Oui, vous n'ignorez pas qu'ici, le mois dernier,
Dans le pavillon vieux, près du pont au meunier,
Trois jours, incognito, resta Mademoiselle...

GÉLY.

Mademoiselle qui ?

ROUSTECAGNAC.

Mais, tête de crécelle,
La cousine du roi.

GÉLY.

Vous êtes sûr ?

ROUSTECAGNAC.

Parbleu !

GÉLY.

Bah ! qu'avait-elle à faire ici ?

ROUSTECAGNAC.

Cherchez un peu.

MOLIÈRE.

Une intrigue amoureuse a dû l'amener...

ROUSTECAGNAC.

Juste!

MOLIÈRE.

Et le mortel heureux que cette dame auguste
Voulut bien distinguer?...

ROUSTECAGNAC.

Cherchez un peu.

Molière et Gély feignent de méditer profondément.

C'est moi!

GÉLY.

C'est vous que distingua la cousine du roi?
Vive Dieu! touchez là, mon heureux gentilhomme...

ROUSTECAGNAC.

Cela vous surprend?

GÉLY.

Moi? non!... c'est très simple, en somme.

ROUSTECAGNAC.

Vous ne deviniez pas?

GÉLY.

Benêt, homme ingénu,

Sot que je suis!

MOLIÈRE.

Comment vous a-t-elle connu?

ROUSTECAGNAC.

Voici. Les grands amis qu'à la cour je possède,
Sans cesse lui parlaient d'un homme à qui tout cède.
Voulait-elle du bien à quelque beau seigneur?
« Si ce galant, à qui vous faites trop d'honneur,
Vous semble, disaient-ils, mériter qu'on l'adore,
Que penseriez-vous donc de monsieur Polydore
De la Roustecagnac, le coq du Languedoc!
Près de lui, les plus fiers de nos porteurs d'estoc,
Les plus beaux, paraîtraient des valets de charrue. »
Sur ces récits, elle est, pour me voir, accourue,
M'a cherché, m'a trouvé, s'est éprise de moi.

MOLIÈRE.

Lui fûtes-vous cruel?

ROUSTECAGNAC.

       Tout d'abord, oui, ma foi!
Je suis de Pézenas.

MOLIÈRE.

       Mais vous devîntes tendre?

ROUSTECACNAC.

Il n'était pas séant de la trop faire attendre.

MOLIÈRE.

Non.

ROUSTECAGNAC.

Le jour même où, las de la tant rudoyer,
Je laissais la princesse enfin me... tutoyer,

Sur un ordre du roi, prévenu par l'envie,
Elle me fut, malgré ses pleurs, soudain ravie.
Mais avant de partir elle aposta les gens
De là-bas, pour lutter contre mes goûts changeants,
Et m'empêcher d'aimer toute autre créature.
Elle m'écrit. Si vous voyiez son écriture!
Tenez...

Il fouille de nouveau dans toutes ses poches.

Mais qu'ai-je fait de tous ses billets doux?
Je les avais serrés, j'en suis sûr, là-dessous.
Les voici!... non. Mordiou! qui m'a pris ces merveilles?

MOLIÈRE, *très sérieux.*

C'est peut-être le chien qui vola les oreilles.

Claudine rit sous cape.

ROUSTECAGNAC.

Quel chien? Ah! oui, c'est vrai. Le maudit chien! j'avais
L'esprit ailleurs; c'est bien à lui que je rêvais!

CLAUDINE, *éclatant de rire.*

Hi! hi! hi!

ROUSTECAGNAC, *à Claudine.*

Qu'as-tu donc à rire?

CLAUDINE.

Je me mouche!

Roustecagnac s'assoit.

CLAUDINE, *riant encore.*

Hi! hi!

ROUSTECAGNAC, *se levant.*

Te moques-tu? qu'est-ce encore?

CLAUDINE.

Une mouche
M'a chatouillé le nez... Hi! hi!...

ROUSTECAGNAC, *en colère.*

Te tairas-tu,
Péronnelle?... Voyez ce petit air pointu!

SCÈNE VII

MOLIÈRE, GÉLY, ROUSTECAGNAC, CLAUDINE,
puis LE GARÇON DE GÉLY *et* TROIS CLIENTS.
*Pendant cette scène, Gély et son garçon rasent Roustecagnac et les
clients.*

MOLIÈRE, *intervenant entre Claudine et Roustecagnac.*

Paix là, Claudine! On m'a chargé de te remettre
Quelque chose...

CLAUDINE, *très étonnée.*

Quoi donc?... A moi?...

MOLIÈRE.

Tiens, cette lettre.

CLAUDINE.

Une lettre? Ah! bien sûr, ça vient de Jean Éloi.

Il est, vous le savez, au service du roi ;
Il m'écrit quand il peut.

> GÉLY, *commençant à faire la barbe à Roustecagnac qui s'est assis,*
> *la serviette au cou.*

                    Et qu'est-ce qu'il te conte ?
C'est ton amoureux ?

> CLAUDINE.

Oui.

> GÉLY.

           Quoi ! tu n'as pas de honte ?

> CLAUDINE.

En tout bien, tout honneur !

> GÉLY.

           Vrai ?

> CLAUDINE.

                    C'est mon fiancé.
Lisez-moi cela.

> GÉLY.

           Moi ? C'est que je suis pressé.
Donne plutôt ta lettre à ce monsieur-là.

> *Montrant Molière.*

                    Donne...
Vite !... il te la lira, vois-tu, mieux que personne.

> CLAUDINE, *à Molière.*

Voulez-vous ? Je ne sais pas lire.

                              4

MOLIÈRE, *prenant la lettre.*

Oui, mon enfant.

Il ouvre et regarde la lettre.

Diable! il faut déchiffrer la chose auparavant.
Jean n'est pas un grand clerc, et sans subir l'entrave
D'aucune règle, il va du grenier à la cave!

CLAUDINE, *naïvement.*

Ah! monsieur, Jean passait tout son temps de loisir
A la cave pour boire, au grenier pour dormir;
Il est resté le même.

ROUSTECAGNAC.

Elle rit, la petite!

MOLIÈRE.

Tu l'aimes, ainsi fait?

GÉLY.

Il se dégrise vite;
Et puis, le bon vin rend plus tendre Jean Éloi.

ROUSTECAGNAC, *se levant à demi rasé pour prendre la taille
à Claudine.*

Je n'en ai pas besoin pour être aimable, moi!

CLAUDINE.

Voulez-vous bien rester tranquille, ou je vous lance
Un soufflet!

ROUSTECAGNAC, *se rasseyant.*

Oh! que non!

CLAUDINE.

Le monsieur lit. Silence!

MOLIÈRE, *à part, sur le devant de la scène, lisant avec difficulté.*

« Ma Claudine! je prends la plume en cet instant
Pour te faire assavoir que je suis bien portant;
Cependant l'autre jour j'eus de fortes coliques,
Après avoir trop bu de cidre... »

S'interrompant.

O bucoliques!

Reprenant.

« Le sergent crie. On est très mal nourri. Je n'ai
Qu'une chemise à mettre. Ah! je n'étais pas né
Pour mourir à la peine et pour manquer de vivres!
Si je pouvais trouver seulement deux cents livres,
Pour revenir chez nous! » Signé : « Jean. » — Animal,
Que l'on aime si bien et qui répond si mal!

CLAUDINE.

Que dit Jean?

MOLIÈRE, *à part.*

Elle croit qu'il lui dit des merveilles.
Comme elle tend déjà ses petites oreilles!
Lui lirai-je ceci tout sec?... Nous broderons.

CLAUDINE.

Il écrit bien, monsieur?

MOLIÈRE.

Il fait les *o* bien ronds.

CLAUDINE.

Que m'écrit-il ?

MOLIÈRE.

Voici ce qu'il te mande, écoute !

Feignant de lire sur la lettre ce qu'il dit.

« Claudine, m'aimes-tu ? Moi, je t'aime de toute
Ma force... Il est bien dur le service du Roi ;
Mais mon plus grand chagrin, c'est d'être loin de toi ! »

CLAUDINE.

Hein, monsieur ? Comme il m'aime !

MOLIÈRE, *même jeu, et regardant par moments Claudine.*

« Et de loin, ma Claudine
Je crois te voir, je vois ta prunelle mutine,
Ta bouche aux blanches dents où le rire est si prompt,
Tes cheveux bruns, si bien arrangés sur ton front,
Ta fossette au menton, ta fossette à la joue,
Tes narines au vent, et ta gentille moue
De jeune chat qui veut boire du lait trop chaud... »

CLAUDINE.

Hein ? comme il se souvient de moi, monsieur ! Il faut
Qu'il m'aime joliment !

MOLIÈRE, *même jeu.*

« Je songe avec délice
A ce que j'entrevois sous ton fichu qui glisse... »

CLAUDINE, *refermant son fichu.*

Oh !

MOLIÈRE.

Pourquoi le fermer? Il ne verra plus rien.

CLAUDINE.

Il en voit bien assez! — Lisez; vous lisez bien,
Mon bon monsieur!

MOLIÈRE, *même jeu que plus haut.*

         « Tout ça me trouble, et je m'arrête :
Car je deviendrais lâche, ou je perdrais la tête!
— Sais-tu que nous avons livré bataille? »

CLAUDINE.

                    Non!

MOLIÈRE, *même jeu.*

« Trois jours et quatre nuits a tonné le canon.
C'était terrible... »

CLAUDINE.

    Dieu!

MOLIÈRE, *même jeu.*

         « Nous vivions dans la flamme;
Nous aimions le danger qui nous grandissait l'âme;
Sans reculer d'un pas et sans perdre nos rangs,
Nous marchions à travers les morts et les mourants. »

CLAUDINE.

Qu'il est brave!

ROUSTECAGNAC.

C'est beau, la guerre, ma colombe!

MOLIÈRE, *même jeu.*

« J'eus le bras fracassé soudain par une bombe... »

CLAUDINE, *tombant sur une chaise et se trouvant mal.*

Jésus !

MOLIÈRE, *à part.*

La fiction m'a trop loin emporté.
Pauvre Claudine !

*Haut, à Claudine autour de laquelle on s'est empressé et qui
revient à elle.*

Écoute !

CLAUDINE, *sans l'entendre, sanglotant.*

Oh ! quelle atrocité !
Me tuer mon Jean ! — Roi maudit ! guerre maudite !
Je vais mourir aussi !... Plus d'espoir !...

MOLIÈRE, *faisant de vains efforts pour être entendu.*

Mais, petite,
Attends !..

CLAUDINE, *sanglotant toujours.*

Mon pauvre Jean !...

GÉLY, *à Claudine.*

Ne pleure pas si fort,
Sotte ! Puisqu'il t'écrit, c'est donc qu'il n'est pas mort.

CLAUDINE, *souriant à travers ses larmes.*

C'est vrai !

GÉLY, *à Claudine.*

Si pour un bras de moins il en est quitte...

CLAUDINE, *sanglotant de plus belle.*

Manchot! mon Jean manchot!

MOLIÈRE.

Mais attends donc la suite!
Pourquoi m'interromps-tu?

Feignant de reprendre sur la lettre.

« J'eus le bras fracassé... »

CLAUDINE, *sanglotant.*

Seigneur!...

MOLIÈRE, *même jeu, très vite.*

« Heureusement que, vite et bien pansé,
Je guéris! »

CLAUDINE, *riant et pleurant à la fois.*

Quel bonheur! Tenez, de bonne grâce
Laissez-vous embrasser, monsieur!

MOLIÈRE, *tendant la joue.*

Embrasse!

ROUSTECAGNAC, *même jeu.*

Embrasse!

CLAUDINE.

Pas vous, vilain magot!

Deux clients et le garçon de Gély sont entrés successivement.

ROUSTECAGNAC, *bas, à Gély.*

Voilà! tous ces témoins
L'intimident, Gély; mais dans les petits coins,
Quand nul ne nous observe, elle est moins difficile.

CLAUDINE.

Que dit-il ?

ROUSTECAGNAC.

Rien !

GÉLY, *à un nouveau client qui vient d'entrer.*

Bonjour, monsieur.

CLAUDINE, *haussant les épaules en regardant Roustecagnac.*

Grand imbécile !

*Roustecagnac se lève furieux et se rassoit aux rires des assis-
tants. Le garçon barbier, après avoir été grondé par Gély pour
son retard, se met à raser un client.*

MOLIÈRE.

Ce n'est pas tout.

CLAUDINE.

Voyons !

MOLIÈRE, *continuant la lecture feinte.*

« Ma guérison, — un peu
Miraculeuse, — et ma belle tenue au feu
Firent, comme l'on dit, quelque bruit dans le monde. »

CLAUDINE, *avec admiration.*

Ah !

MOLIÈRE, *même jeu.*

« De tous les côtés on s'en vint à la ronde
Me voir, palper mon bras et me questionner ;
Et je fus invité tous les jours à dîner. »

CLAUDINE.

Vraiment, on s'en venait le voir par ribambelles?

MOLIÈRE.

« Il vint de grands seigneurs et des dames bien belles,
Plus belles qu'on n'en vit jamais dans nos cantons... »

CLAUDINE, *tressaillant.*

Des dames!

GÉLY, *à Roustecagnac dont la barbe est faite.*

C'est fini pour vous, monsieur.

MOLIÈRE, *à part, regardant Claudine.*

Tâtons

Ce petit cœur encor... Comme elle est aux écoutes!

GÉLY, *aux clients qui attendent.*

A qui le tour, messieurs?

MOLIÈRE, *continuant.*

« La plus belle de toutes

S'est éprise pour moi d'un violent amour... »

CLAUDINE.

Pour lui? Pas pour lui! non!

MOLIÈRE, *même jeu.*

« Elle me fait la cour

Et veut absolument être ma femme... »

GÉLY.

Diable!

CLAUDINE, *serrant les poings.*

Ah! si je la tenais!...

GÉLY, *riant.*

Ce serait effroyable!

CLAUDINE.

Sa femme! être sa femme!

MOLIÈRE, *même jeu et haussant la voix pour être bien entendu par Roustecagnac.*

« Elle est folle de moi.
On m'affirme qu'elle est la cousine du Roi. »

CLAUDINE.

La cousine?...

ROUSTECAGNAC.

Du Roi?

MOLIÈRE.

C'est écrit.

Bas, à Gély, en lui montrant Roustecagnac.

Sait-il lire?

GÉLY, *bas, à Molière.*

Non! je comprends; allez toujours.

ROUSTECAGNAC, *haussant les épaules.*

C'est du délire.

La cousine!...

CLAUDINE.

Du Roi!

ROUSTECAGNAC.

Chansons!

MOLIÈRE, *lui tendant la lettre.*

Voyez plutôt!

ROUSTECAGNAC, *après avoir fait mine de lire.*

C'est vrai. Continuez, je tombe de mon haut.

MOLIÈRE, *à Claudine.*

Dois-je continuer?

CLAUDINE.

Oui, certes!

ROUSTECAGNAC.

O les femmes!
Pour un pareil lourdaud nourrir de telles flammes!

CLAUDINE.

Ce n'est pas un lourdaud.

GÉLY, *riant.*

Non, c'est un sac à vin.

CLAUDINE, *la larme à l'œil.*

Méchant!

MOLIÈRE.

Ne pleure pas. Attends!

Continuant.

« Mais c'est en vain

Qu'elle m'aime... »

CLAUDINE.

Il le dit?

MOLIÈRE, *même jeu.*

« Va! ces mademoiselles
Ne sont pas faites plus pour moi que moi pour elles... »

GÉLY.

Es-tu contente?

CLAUDINE.

Oh! oui.

MOLIÈRE, *même jeu.*

«... Je n'ai pas un moment
De bonheur loin de toi. Si j'avais seulement
Deux cents livres, vois-tu, je reviendrais bien vite.
Là-dessus, je t'embrasse à t'étouffer, petite
Claudine!... Plus qu'un mot : garde-moi bien ta foi,
Si tu ne veux la mort du pauvre Jean Eloi. »

CLAUDINE.

Quel cœur franc! que c'est bon d'être aimé comme on aime
Il me préférerait à la Reine elle-même.
Vous m'avez fait du bien, bien du bien, en lisant
La lettre à Jean, monsieur. Donnez!

MOLIÈRE, *rendant la lettre à Claudine, qui embrasse
follement le papier.*

Tiens!

A Gély, à mi-voix.

A présent,
Gély, je m'en vais faire un tour à mon théâtre.
La petite est charmante; et quant à ce bellâtre,

Il m'a fort amusé. Peut-être quelque jour
En divertirons-nous la ville.

GÉLY.

Ou bien la cour.

MOLIÈRE.

Flatteur!

GÉLY.

Vous flatter, moi? Non... Vertu de ma vie!
Vous irez loin, c'est moi qui vous le certifie.

MOLIÈRE.

Foi de maître barbier!

GÉLY.

Je n'ai pas d'autre foi!
Vous n'en ferez pas moins rire même le Roi.

MOLIÈRE.

S'il veut bien m'écouter!

LE GARÇON, *à un client.*

Monsieur, la barbe est faite.

MOLIÈRE, *sortant, à Gély qui reçoit l'argent du client.*

Veillez sur la petite! Au revoir, bon prophète!

SCÈNE VIII

LES MÊMES, *moins* MOLIÈRE.

CLAUDINE, *baisant la lettre.*

Quel bonheur! quel bonheur!

GÉLY.

Chut! les gens sont jaloux.
Garde donc ton bonheur pour toi.

CLAUDINE.

Vous moquez-vous?
Je ne puis le garder; non, j'étouffe de joie.

PREMIER CLIENT.

Tu rayonnes, Claudine!

DEUXIÈME CLIENT.

Eh! qu'as-tu?

CLAUDINE.

Jean m'envoie
Cette lettre, messieurs. La cousine du roi
S'est éprise de lui, mais il n'aime que moi.

PREMIER CLIENT.

Fais voir.

*Claudine, malgré Gély, lui donne la lettre; les autres clients
se groupent autour d'eux.*

DEUXIÈME CLIENT.

Lisez un peu.

PREMIER CLIENT, *parcourant la lettre*.

Ma petite, es-tu folle?
Il ne dit pas un mot de ça, sur ma parole!

CLAUDINE.

Et que dirait-il donc?

PREMIER CLIENT.

Mais... il dit... qu'il a bu
Du cidre...

CLAUDINE.

Non, monsieur! non, vous avez mal vu;
Il n'est pas question de cidre!

PREMIER CLIENT.

... Qu'il déteste
Son sergent, un criard...

CLAUDINE.

Mais le reste, le reste!
Tout cela, le monsieur l'a sauté, du moment
Que le passage était sans intérêt.

PREMIER CLIENT, *ironique*.

Vraiment?

CLAUDINE.

Lisez, lisez plus loin.

PREMIER CLIENT.

Il n'a qu'une chemise...

CLAUDINE.

Plus loin!

PREMIER CLIENT.

Mais que veux-tu, Claudine, que je lise?

CLAUDINE.

Ce qu'a lu le monsieur. Faites donc l'étonné!

PREMIER CLIENT.

Jean te dit simplement, enfin, qu'il n'est pas né
Pour mourir à la peine et pour manquer de vivres,
Et qu'il éprouve un grand besoin de deux cents livres;
Et c'est tout!

CLAUDINE, *reprenant la lettre.*

Mauvais homme! Ah! j'ai honte pour vous.
Monsieur Gély l'avait bien dit. Allez, jaloux!

PREMIER CLIENT.

C'est trop fort!

CLAUDINE, *donnant la lettre au deuxième client.*

N'est-ce pas, monsieur, que c'est indigne?

DEUXIÈME CLIENT.

Voyons.

CLAUDINE, *au premier client.*

Fi! le menteur!

DEUXIÈME CLIENT.

Mais non, non! Chaque ligne
Est ainsi qu'il a dit. Jean parle du sergent,

Jean a grand mal au ventre et grand besoin d'argent;
Rien de plus.

CLAUDINE.

Voyez bien !

DEUXIÈME CLIENT, *lui rendant la lettre.*

J'ai lu.

CLAUDINE.

Je suis certaine
Que vous voulez aussi me faire de la peine,
Parce qu'on me préfère aux cousines du roi.

A un troisième client.

Mais vous, monsieur, lisez. Qu'est-ce que dit Éloi ?

TROISIÈME CLIENT, *lisant la lettre.*

Qu'il se porte très bien... sauf qu'il eut la colique...

CLAUDINE.

Vous vous gaussez de moi ?

TROISIÈME CLIENT.

Point du tout. Je m'applique ;
Je lis.

CLAUDINE.

Ne s'est-il pas battu ?

TROISIÈME CLIENT.

Non.

CLAUDINE, *lui arrachant la lettre avec colère.*

Ils sont fous !
Allez, l'autre monsieur lisait bien mieux que vous !

PREMIER CLIENT.

Sur ce papier, bien fin qui peut lire autre chose!

CLAUDINE.

C'est là, là cependant qu'il lisait, je suppose?

Arrêtant Roustecagnac qui va s'esquiver.

Mais, monsieur Polydore, au fait, vous avez lu
La lettre, vous?

ROUSTECAGNAC, *hésitant.*

  Tu crois?

CLAUDINE.

    Oui! vous avez voulu
Lire.

ROUSTECAGNAC.

J'ai distingué quelques lignes peu nettes...

CLAUDINE.

Comment?

ROUSTECAGNAC.

Je ne lis pas très bien sans mes lunettes.

DEUXIÈME CLIENT.

Prenez les miennes.

ROUSTECAGNAC.

Mais... je suis myope!

DEUXIÈME CLIENT.

     Et moi
Comme vous! Lisez donc ce qu'écrit Jean Éloi.

ROUSTECAGNAC, *la lettre en main et les lunettes sur le nez.*

O l'affreux gribouillage! On peut à peine lire.
Ce n'est plus qu'un chiffon. Ma foi! je le déchire
Pour qu'on laisse Claudine un peu tranquille.

CLAUDINE.

Non,
Ne la déchirez pas!

ROUSTECAGNAC.

C'est fait!

CLAUDINE, *prenant un bâton pour le battre.*

Fils de guenon,
Traître! voilà pour toi; tiens! tiens!

ROUSTECAGNAC, *cherchant à esquiver les coups.*

Assez, diablesse!

CLAUDINE, *continuant.*

Tiens! tiens!

ROUSTECAGNAC, *même jeu.*

N'abuse pas...

CLAUDINE, *même jeu.*

Tiens! tiens!

ROUSTECAGNAC, *même jeu.*

... De ta faiblesse!

CLAUDINE, *même jeu.*

Tiens encore!

ROUSTECAGNAC, *se sauvant.*

Au secours!

Il sort.

SCÈNE IX

MOLIÈRE; LES MÊMES, *moins* ROUSTECAGNAC.

MOLIÈRE.

Hein? Des coups de bâton
A monsieur Polydore! et pourquoi le bat-on?

CLAUDINE.

Vous venez bien, monsieur!

MOLIÈRE.

Comment?

CLAUDINE.

Voyez : ma lettre
Mise en morceaux!

MOLIÈRE.

Vraiment, il a pu se permettre...

CLAUDINE.

Il s'est permis de la déchirer; c'est pourquoi
Je me suis cru permis de le bâtonner, moi!

MOLIÈRE, *riant.*

Lui! toi! sans résistance?

CLAUDINE.

Il s'est sauvé, le lâche!
Mais ce n'est pas le pire!

MOLIÈRE.

Et qu'est-ce qui te fâche?

CLAUDINE.

Personne ne m'a lu la lettre comme vous.
Vous moquiez-vous, monsieur, ou s'ils étaient jaloux?
J'ai le cerveau brouillé.

MOLIÈRE.

Pures taquineries!
Ils se sont amusés.

CLAUDINE.

C'étaient des menteries!
Ah! je le savais bien!

MOLIÈRE.

Ne t'en tourmente plus.
Et, tiens, pour faire trêve aux propos superflus,
Pour te convaincre enfin, je t'apporte, Claudine,
Les deux cents livres.

CLAUDINE, *regardant la bourse que lui tend Molière.*

Quoi, c'est pour moi?

MOLIÈRE.

J'imagine
Que tu ne doutes plus?

CLAUDINE.

Non, oh non! Tant d'argent!
C'est comme un songe...

MOLIÈRE, *lui mettant la bourse dans la main.*

Prends!... Le bien vient en songeant.

CLAUDINE, *ravie.*

Merci !

MOLIÈRE, *souriant.*

Jean reviendra près de son amoureuse.

CLAUDINE.

Comment faire pour nous acquitter ?

MOLIÈRE.

Sois heureuse.
Tu dois tout à monsieur le prince de Conti.

CLAUDINE, *avec un rire d'incrédulité.*

Bien vrai ?...

MOLIÈRE *lui fait signe que oui ; puis se retournant vers Gély,
il ajoute à mi-voix.*

Pour une fois que je n'ai pas menti,
Je la trouve incrédule !

CLAUDINE, *même jeu.*

On dirait une histoire...
Mais vous êtes si bon qu'il faut toujours vous croire !

*Elle se retire au fond du théâtre, et s'absorbe dans la con-
templation alternative de la bourse et des morceaux de la lettre
qu'elle a précieusement ramassés. Pendant ce temps, Molière et
Gély s'entretiennent à part sur le devant du théâtre.*

GÉLY.

C'est se tirer d'affaire à souhait... Pourtant, si
Jean revient, tout entre eux sera vite éclairci.
Adieu l'illusion dont elle est possédée !

MOLIÈRE, *souriant.*

Croyez-vous?

GÉLY.

J'en ai peur!

MOLIÈRE.

Aura-t-il bien l'idée
De la détromper? Soit! mais avec passion
Claudine défendra sa chère illusion;
Et, certes, Jean prendrait une peine inutile!
Bien mieux! quand il verra que, grâces à mon style,
J'ai fait de lui la fleur des amants, un vainqueur,
Voudra-t-il affliger ce pauvre petit cœur
Et, Jean comme devant, déchoir dans son estime?
Non! Jean savourera sa gloire illégitime,
Timidement d'abord, et puis, sans y penser,
S'accommodera fort de se voir encenser!

GÉLY, *riant.*

Oui-da!

MOLIÈRE.

Si quelque sot, parbleu! les lui conteste,
Il soutiendra pour vrais ses combats... et le reste!

GÉLY.

Diable d'homme!

MOLIÈRE.

Au besoin, on verra Jean Éloi
En jurer sur l'honneur, presque de bonne foi;
A force de brocher en neuf sur l'ancien thème,

Il finira, qui sait? par y croire lui-même
Plus que Claudine!

GÉLY, éclatant de rire.

Ah! ah!

SCÈNE X

LES MÊMES, LE MESSAGER D'ANIANE,
puis ROUSTECAGNAC.

LE MESSAGER, montrant le poing à Molière.

Le voilà, le coquin!
Oh! comme je lui vais trouer le casaquin!

GÉLY, l'arrêtant.

Es-tu fou?

LE MESSAGER.

Non.

GÉLY, même jeu.

Attends.

LE MESSAGER.

Il m'a pris pour un autre,
Le laid museau!

CLAUDINE.

Le laid museau...

LE MESSAGER.

Quoi?

CLAUDINE.

C'est le vôtre!

LE MESSAGER.

Petit serpent, veux-tu...

CLAUDINE, *défendant Molière.*

Parlez donc de museaux!
J'éborgnerai le vôtre avec ces grands ciseaux,
Si vous osez toucher au monsieur.

GÉLY, *au messager.*

Viens, compère!

C'était pour rire...

LE MESSAGER.

Ah bah!

Menaçant Claudine.

Mais, petite vipère!...

GÉLY, *entraînant le messager.*

Viens, je te raserai gratis.

LE MESSAGER.

Bon! mais enfin...

GÉLY, *bas, au messager.*

C'est moi...

LE MESSAGER, *comme illuminé.*

Toi qui lui fis gober!...

Riant aux éclats en montrant Molière.

Il n'est pas fin !
Il a cru qu'on t'avait pendu, la bonne bête !

Il va tendre la main à Molière.

Ma foi ! je te pardonne...

ROUSTECAGNAC, *rentrant, à Molière.*

On me veut mettre en tête,
Monsieur ! que vous avez tout à l'heure, en ces lieux,
Contre moi-même ourdi des complots odieux,
Et que je suis en butte à vos perfides ruses.

MOLIÈRE.

Pouvez-vous croire ?...

ROUSTECAGNAC.

Non. J'accepte vos excuses.

CLAUDINE, *intervenant.*

Des excuses ! c'est vous qui tout de suite, ici...

ROUSTECAGNAC.

Ai-je froissé quelqu'un ? Soit ! je m'excuse aussi.
Ah ! si tu n'étais point d'un sexe que j'honore !...

CLAUDINE.

Il ne vous le rend pas !

MOLIÈRE, *les séparant.*

Chut ! Monsieur Polydore,
Faites-nous une grâce ! allez au cabaret
Quérir une bouteille, ou deux, de bon clairet...

*Comme Roustecagnac, embarrassé, fait mine de se fouiller,
il lui présente un écu d'argent.*

Pour moi!

LE MESSAGER, *montrant Molière.*

C'est le plus sot qui régale, pardine!

MOLIÈRE.

Nous boirons tous ensemble aux amours de Claudine.

Dans la représentation donnée par la Comédie-Française au théâtre de
Pézenas, le 8 août 1897, pour l'inauguration du Monument de Molière,
voici comment la pièce était distribuée :

Molière, M. Baillet; *Gély,* M. Veyret; *Roustecagnac,* M. Villain; *le Messager,* M. Esquier; *un Client,* M. Gaudy; *Claudine,* Mlle Kalb.

A la fin de la comédie, M. Baillet s'avança vers la rampe et adressa au
public les vers suivants, rimés pour la circonstance :

*Mesdames et messieurs, c'est ainsi que jadis
Votre pays charmant, doux comme un paradis,
Ensoleilla de joie et de chaude lumière
La fleur de ce génie errant qui fut Molière.
Honneur à Pézenas, dont l'hospitalité
Recommence pour lui dans l'immortalité!*

Au Bât d'argent

COMÉDIE EN UN ACTE

EN VERS

Publiée par *l'Hérault artiste à Molière*, pour l'inauguration
du Monument de Molière, à Pézenas.

PERSONNAGES

MOLIÈRE.
DASSOUCY.
PIERROTIN, page de Dassoucy.
DE GUILLERAGUES, secrétaire du prince de Conti.
MAITRE COME, l'hôte du *Bât d'argent*.
LUCETTE.
MADEMOISELLE BÉJART.
MADEMOISELLE DU PARC.

Cette comédie a été écrite pour la ville de Pézenas par M. Émile Blémont, sur des notes historiques de M. Charles Ponsonailhe, critique d'art, et sur des indications scéniques de M. Jules Truffier, sociétaire de la Comédie-Française.

La chanson de Dassoucy a été mise en musique par M. Maurice de Féraudy, sociétaire de la Comédie-Française.

Au Bât d'argent

A Pézenas, pendant l'automne de 1655. — La cour intérieure de l'hôtellerie du *Bât d'argent*. Sur cette cour, spacieuse et pittoresque, avec
ses fines colonnettes, ses plantes grimpantes et ses treilles ensoleillées,
s'ouvre une vaste salle à manger, à la haute cheminée de plâtre, qui
avance sa grande table, ses bancs et ses escabeaux jusque sous les
pampres. La nappe est mise : brocs et gobelets, bouteilles et verres,
assiettes et plats de faïence à fleurs. Sur la droite, au premier plan,
bien en vue, luit l'enseigne du lieu, accrochée à la muraille par un
bras de fer ouvragé. Baie cintrée sur un vestibule. Deux portes au
fond. — Au lever du rideau, Lucette entre, apportant des corbeilles
de fruits et de friandises pour en garnir la table. Sur ses talons, arrive
Pierrotin qui, son luth en bandoulière, commence à rire avec elle et
à piller les corbeilles, quand l'hôte apparaît.

SCÈNE PREMIÈRE

PIERROTIN, L'HOTE, LUCETTE.

PIERROTIN, *avalant un fruit.*

Exquis !

L'HÔTE, *à Lucette, que fait rire la gourmandise de Pierrotin.*

Encor ce drôle ! Et l'on fait la risette !

Tu sais quel intérêt je te porte, Lucette ;
Sois sage !

Il s'est approché d'elle ; et brusquement, il lui arrache des mains, avec colère, la corbeille pillée par Pierrotin.

LUCETTE.

Pécaïré !

L'HÔTE.

Fuis ce prince des fous !

Regardant de travers Pierrotin qui se détourne, la bouche pleine.

Comme il bâfre !

LUCETTE, *sortant sur un geste impérieux de l'hôte.*

Aï ! moun Dious ! il est si maigre !

SCÈNE II

PIERROTIN, L'HOTE.

L'HÔTE, *menaçant Pierrotin qui recule.*

Et vous !...

PIERROTIN.

Monsieur l'hôte !...

L'HÔTE.

Suffit ! Que je vous prenne en faute,
Et je caresserai vos grègues.

PIERROTIN.

Monsieur l'hôte!...

L'HÔTE, *la main levée vers l'enseigne.*

Le Bât d'argent n'est point une de ces maisons
Où fréquentent les gueux et les mauvais garçons;
Demandez à monsieur Dassoucy, votre maître!

PIERROTIN, *dédaigneusement.*

Oh!...

L'HÔTE.

Même ivre, il saura fort bien le reconnaître.
Interrogez Molière et les frères Béjart;
En leur troupe, chacun me tient pour homme d'art.
Depuis que ces messieurs, vous traînant à leur suite,
Vous, votre maître errant et son luth parasite,
Ont, pour la session, pris chez moi leurs quartiers,
Ici que vîtes-vous, hors nobles ou rentiers?
Tout Pézenas m'honore, et monseigneur le prince
De Conti me protège. Aux États de Province
Qu'il vient de convoquer cet automne en nos murs,
Tous les députés, tous, je m'en vante, sont sûrs
Qu'on trouve au Bât d'argent bons vins et bonne chère.

Montrant de nouveau l'enseigne.

Au Languedoc entier ma vieille enseigne est chère,
Monsieur.

PIERROTIN.

Vous parlez d'or. Et partout, sans débat,
On vous prise très haut, vous, l'hôte, et votre Bât.

L'HÔTE.

Ouais, plaisantez ! Je vous déclare sans ambage
Que, si vous chiffonnez Lucette, mon beau page,
Moi, l'hôte, nonobstant vos tours de galopin,
Je vous ferai sauter comme un simple lapin.

L'hôte sort.

SCÈNE III

PIERROTIN, seul, menaçant du poing, par derrière, l'hôte
qui s'en va, puis revenant sur le premier plan.

Si Lucette voulait, la petite rebelle !
Mais elle ne veut pas. Tant pis ! Elle est si belle,
Avec son air tout drôle et son « assent » du cru !

Imitant l'accent de Lucette.

« Aï ! moun Dious !... Pécaïré !... » L'hôte est un peu bourru.
Bah ! puisque la musique est l'art en quoi je brille,
Prenons pour truchement près de la belle fille
La chanson fort galante et fort douce, ma foi !
Dont monsieur Dassoucy vient, comme exprès pour moi,
De rimer les couplets et que, sans la connaître,
Tout à l'heure, d'instinct, j'ai volée à mon maître.
Sur ces vers, il a même écrit un air divin.

Il fredonne l'air et en cherche la musique sur son luth.

Mais ma copie, il faut la finir.

Il s'interrompt, prend la chanson de Dassoucy et se met à en achever la copie.

Voilà. Fin!

Maintenant je n'ai plus, pour rester sans reproche,
Qu'à replacer vos vers, cher maître, en votre poche.

Puis, tout en parcourant ce qu'il vient d'écrire.

La fillette sait lire, elle aura nos couplets.
Cela, je crois, rompra la glace; et les soufflets
Seront moins prompts, dès lors, à me fermer la bouche.
Son cœur, ainsi flatté, peut-il rester farouche?
Donnons-lui donc bien vite, en dépit des jaloux,
Au bas de la·chanson, un petit rendez-vous.

Il ajoute, sur la copie qu'il vient d'achever, quelques mots au bas de la chanson.

SCÈNE IV

PIERROTIN, GUILLERAGUES.

GUILLERAGUES, *entrant à gauche, par le vestibule, le pas pressé, la mine affairée, un manuscrit à la main.*

Est-ce toi, ce matin, qui tiens l'hôtellerie?

PIERROTIN, *à part.*

Guilleragues!

Surpris par l'irruption du nouveau venu, Pierrotin cache vite dans son sein la copie de la chanson; mais, en sa hâte, il laisse tomber l'original par terre, sans y prendre garde.

GUILLERAGUES, *donnant son manuscrit à Pierrotin.*

Mon cher Pierrotin, je te prie
De remettre à Molière, au plus tôt, ces feuillets.
Je le cherche partout. A la fin, je croyais
Le rencontrer ici. Mais personne!... Personne!...
Et je suis très pressé, mon ami.

PIERROTIN, *revenu de sa surprise, et avec une certaine rancune*
narquoise, tout en acceptant le manuscrit.

Je soupçonne,
A vous voir enfiévré, hâtif et haletant,
Que, sur son lit fleuri de roses, vous attend
Quelque dame d'amour sensible à votre gloire.
N'est-il pas vrai, monsieur de Guilleragues?

GUILLERAGUES.

Voire!
Le prince aurait voulu me garder aujourd'hui;
Mais j'avais engagé ma parole. J'ai fui.
Dis-moi, Molière aura ces feuillets tout à l'heure?
Ce sont (oh! je voudrais la chose un peu meilleure)
Les vers de l'Intermède annoncé pour ce soir.
N'ayant plus un instant, Molière au désespoir
Est venu nous prier, en cette urgence extrême,
Cosnac et moi, de lui terminer son poème.
Adieu, petit!

Il fait une pirouette de satisfaction et sort.

SCÈNE V

PIERROTIN, *puis* MADEMOISELLE DU PARC.

PIERROTIN, *seul.*

Quel fat!... Lucette n'est pas loin,
Sans doute. Cherchons-la d'abord. Puis, dans un coin,
En attendant Molière, allons faire un grand somme.
S'il vient et qu'il m'éveille, en ce cas, mon bonhomme,
Il se peut que je lui remette ton paquet.

Il va pour sortir lorsque survient Mademoiselle du Parc.

MADEMOISELLE DU PARC, *apercevant Pierrotin.*

Mon ami!

PIERROTIN, *saluant très bas.*

Vous fleurez aussi bon qu'un bouquet,
Et vous êtes encor plus charmante et plus belle
Que vous n'étiez hier, ma chère demoiselle
Marquise...

MADEMOISELLE DU PARC.

Soyez donc plus simple que cela;
Ce n'est pas naturel. Molière est-il par là?
Dites!

PIERROTIN.

Vous le cherchez?

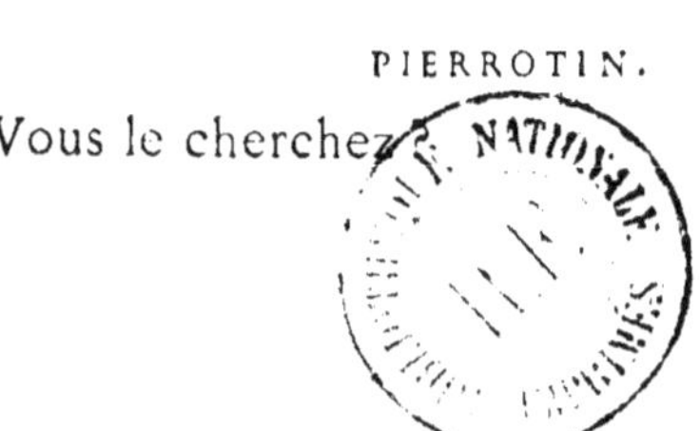

MADEMOISELLE DU PARC.

Mais oui, pour l'Intermède.
A-t-on pu le finir à temps ?

PIERROTIN, *montrant les feuillets de Guilleragues.*

Je le possède.

MADEMOISELLE DU PARC.

Voyons !... Donne-le donc, sans montrer cet air fin.
Nous devons en apprendre et répéter la fin
Ce matin même, ici.

PIERROTIN, *faisant des façons.*

Je n'en suis pas le maître.
C'est à Molière seul que je dois le remettre,
Encor que les auteurs aient grand souci de vous.
Comme tout l'univers, ils sont amoureux fous
De Marquise du Parc et de ses fantaisies.

MADEMOISELLE DU PARC.

Chansons que leurs amours, chansons et poésies !

PIERROTIN.

Les chansons ne sont pas, parfois, sans agrément.
J'en sais une jolie et qui semble vraiment
Faite pour vous, déesse adorable et méchante.

MADEMOISELLE DU PARC.

Par qui ?

PIERROTIN.

Par un galant. Voulez-vous qu'on la chante ?

MADEMOISELLE DU PARC.

Que vous a-t-il donné pour placer ses couplets ?

PIERROTIN.

Rien, parole d'honneur !

MADEMOISELLE DU PARC.

Alors, chantez-moi-les !

PIERROTIN, *accordant son luth et chantant.*

Jeune beauté que j'ai tant poursuivie,
Et qui pour moi n'avez que des refus...

S'interrompant brusquement de chanter.

Pardon ! j'ai dans la gorge un canard. Je vais boire.
Serviteur ! A plus tard le reste de l'histoire !

Il se sauve à toutes jambes.

MADEMOISELLE DU PARC, *riant.*

Pierrotin !

PIERROTIN, *se retournant et lui tirant la langue.*

Le canard m'étrangle.

Il repart de plus belle et disparaît.

MADEMOISELLE DU PARC, *seule.*

Pierrotin !

Il court, le maudit page ! Il m'a l'air, ce matin,
Plus leste et plus narquois encor que d'habitude.

Apercevant mademoiselle Béjart qui entre.

Mais voici la Béjart et son inquiétude
Sempiternelle.

SCÈNE VI

MADEMOISELLE BÉJART, MADEMOISELLE DU PARC.

MADEMOISELLE BÉJART.

Eh bien! l'Intermède est-il prêt?

MADEMOISELLE DU PARC.

Pierrotin le rapporte à Molière. Il paraît
Que, pour moi, tout exprès, avec le plus grand zèle,
On y rima des vers fort beaux, mademoiselle.

MADEMOISELLE BÉJART.

Guilleragues en est l'auteur?

MADEMOISELLE DU PARC.

Cosnac et lui
N'ont rien fait qu'en bâcler la fin pour aujourd'hui;
Molière avait écrit l'essentiel lui-même.
A ces choses il met vraiment un soin extrême.

MADEMOISELLE BÉJART.

Qui le sait mieux que moi? Je les ai déclamés,
Tous ses beaux vers d'amour, exprès pour moi rimés!

MADEMOISELLE DU PARC.

Oui, vous eûtes sur lui longtemps un doux empire;

Mais que d'un autre objet maintenant il s'inspire,
Ce n'est plus un secret, vous le voyez.

MADEMOISELLE BÉJART.

          Je vois
Que votre vanité cherche encore une fois
A me remplir le cœur de jalousie amère.
Vous n'y parviendrez pas. Quittez cette chimère.

MADEMOISELLE DU PARC.

A votre âge, il faut bien se faire une raison.
Vous vous y résignez de prudente façon ;
Bravo !

MADEMOISELLE BÉJART.

    D'un amour vrai sachez vous rendre digne !
En attendant, riez, raillez ! Je m'y résigne.

Elle lui fait la révérence ironiquement. Mademoiselle du Parc lui répond par une autre révérence d'une solennité affectée, puis sort en riant.

SCÈNE VII

MADEMOISELLE BÉJART, *seule.*

O jeunesse, ô beauté, clefs d'or de tous les cœurs,
Que faire contre vous et vos charmes vainqueurs ?

Apercevant et ramassant la chanson perdue par Pierrotin.

Des vers ! une chanson galante ! Oh ! des fadaises...

6.

Parcourant des yeux les premiers vers de la chanson.

Mais ces rimes, ma foi! ne sont pas trop niaises :
C'est presque de l'amour et presque de l'esprit.
Pour qui le madrigal peut-il bien être écrit ?

Lisant tout haut.

> Jeune beauté que j'ai tant poursuivie,
> Et qui pour moi n'avez que des refus...

Jeune beauté!... Cela n'est pas à mon adresse,
Hélas!... Mais si c'était pour elle, la traîtresse!
Elle a bien l'heureux âge et l'insolent dédain
Qu'illustre ce couplet mi-triste, mi-badin...
Et si c'était lui qui!...

Lucette entre, en chantonnant gaiement, une corbeille de fruits sur la tête, une assiette de gâteaux à la main.

SCÈNE VIII

MADEMOISELLE BÉJART, LUCETTE.

LUCETTE, *posant sa corbeille sur un dressoir.*

Salut, mademoiselle!

MADEMOISELLE BÉJART.

Que c'est bon de pouvoir chanter comme une oiselle,
A ta façon, Lucette! Et que c'est bon d'avoir
Dans son cœur tout en fleur le printemps et l'espoir!

LUCETTE.

Vous brillez, vous charmez. En êtes-vous si lasse,
Qu'il vous vienne un désir d'être un temps à ma place ?
Oh ! que je voudrais bien être à la vôtre, moi !

MADEMOISELLE BÉJART.

Enfant !

LUCETTE.

Mais j'ai déjà dix-huit ans ; oui, ma foi !

MADEMOISELLE BÉJART.

Voudrais-tu donc aussi jouer la comédie ?

LUCETTE.

Hélas ! je suis trop sotte et pas assez hardie,
Quoique je ne sois pas, ce dit-on, sans attraits.
Malgré tous mes désirs, jamais je ne pourrais
Parler votre jargon, prendre un rôle en vos fêtes
Et faire en vos habits les mines que vous faites.
C'est là mon désespoir.

MADEMOISELLE BÉJART.

Bah ! chante tes chansons.
Tu ne manqueras point de bons et beaux garçons
Qui se disputeront avec ferveur, mignonne,
L'honneur de consoler ta petite personne.
Ils te font tous la cour...

Entrent Molière et Dassoucy.

SCÈNE IX

LES MÊMES, MOLIÈRE, DASSOUCY.

DASSOUCY, *l'œil brillant déjà de ses libations matinales.*
Et tous ils ont raison.

MOLIÈRE, *à Lucette.*
Et je jalouse, moi, celui qu'en sa maison,
Un fil d'or vous liant, tu suivras, toute blanche;
Tandis que l'oiseau bleu chantera sur la branche,
Un astre au ciel naîtra de ton premier baiser.

MADEMOISELLE BÉJART, *à Molière.*
Vous voudriez toujours toutes les épouser.

MOLIÈRE, *riant.*
Platoniquement, oui!

MADEMOISELLE BÉJART.
Soyez moins ironique.

DASSOUCY.
On ne peut pas toujours n'être pas platonique.

MOLIÈRE, *à mademoiselle Béjart.*
Pourquoi cet air piqué?

MADEMOISELLE BÉJART.
Cherchez!

MOLIÈRE.

Quoi! seriez-vous
Jalouse de Lucette?

MADEMOISELLE BÉJART.

Ah! si mon cœur jaloux
Souffre et parfois trahit le mal qui le torture,
Ce n'est pas pour un mot qu'on jette à l'aventure.

MOLIÈRE.

Quel sujet votre cœur a-t-il d'être irrité?

MADEMOISELLE BÉJART.

Pourriez-vous me nommer cette jeune beauté
Qu'on a tant poursuivie et qui, jusqu'à cette heure,
Oppose au poursuivant ses refus?

MOLIÈRE.

Que je meure
Si je comprends rien là! Parlez plus clairement.

MADEMOISELLE BÉJART.

D'après ce qu'on m'a dit, l'Intermède est charmant.

MOLIÈRE

J'en suis heureux. J'étais inquiet, je l'avoue.

MADEMOISELLE BÉJART.

Votre fière du Parc est contente, et se loue
Des beaux vers que pour elle on y mit tout exprès.

MOLIÈRE.

Elle ignore...

MADEMOISELLE BÉJART.

Pour elle on n'a plus de secrets.

MOLIÈRE.

Vous vous imaginez des choses impossibles,
Et je ne croyais pas vos nerfs aussi sensibles.
Marquise a fait erreur, je ne sais point pourquoi.
Voulez-vous répéter votre rôle avec moi ?
Vous verrez...

MADEMOISELLE BÉJART.

Je ne puis.

MOLIÈRE.

Ma chère Madeleine,

Il faut absolument...

MADEMOISELLE BÉJART.

Adieu ! j'ai ma migraine.

Elle sort.

SCÈNE X

MOLIÈRE, DASSOUCY, LUCETTE,
puis PIERROTIN.

LUCETTE, *tandis que Molière soucieux marche de long en large,
les yeux à terre.*

Aï ! moun Dious ! que parfois, avec leurs jolis jeux,

Elles ont l'humeur âpre et le cœur orageux,
Ces belles dames-là !

A Molière.

Moi, j'en suis bien certaine,
Je voudrais ne jamais vous faire de la peine,
Si j'étais à leur place.

DASSOUCY, *à Molière.*

Est-ce assez gentil, hein ?
Quel « assent » pénétré ! Son petit cœur est plein
D'une tendre pitié pour vous, mon cher Molière.

MOLIÈRE, *à Lucette.*

Merci ! Mais à leur place et dans notre volière,
Tu leur ressemblerais bientôt, ma chère enfant.

LUCETTE.

Non, jamais, pécaïré !

DASSOUCY.

Comme elle s'en défend !

*Il veut embrasser Lucette, qui lui applique un soufflet. Il se
contente de hausser les épaules, et se retourne vers Molière.*

Pan !... J'ai soif. Seyons-nous, Molière, à cette table,
Et buvons frais. Ce vin doit être délectable ;
C'est du muscat, je crois.

Lucette lui verse à boire.

C'en est, et du meilleur.

Faisant claquer sa langue, après avoir bu.

Il est exquis, avec son fin bouquet de fleur.

LUCETTE, *sur un ton de moquerie amicale.*

Le goinfre !

DASSOUCY, *à Molière.*

Voyez donc briller dans ces corbeilles
Ces raisins d'or mêlés à ces grappes vermeilles ;
Et tenez, Pierrotin nous pendrait, pour manger
Ces coques de dentelle à la fleur d'oranger.

A ce moment, par le fond, Pierrotin entre furtivement, écoute, fait un signe d'assentiment burlesque aux derniers mots de Dassoucy, et remplit tout doucement ses poches de coques et autres friandises, qu'il dérobe sur une petite table à portée de sa main. Il épie une minute les personnages en scène ; puis, voyant Molière rêveur et les yeux fixés à terre, Dassoucy tout entier à son muscat et Lucette tout entière à la soif de Dassoucy, il s'avance à pas de loup, glisse le papier où il a copié la chanson, dans la corbeille de fruits que Lucette, en arrivant, a posée sur un dressoir, et réussit à s'esquiver sans avoir été vu ni entendu.

PIERROTIN, *s'esquivant.*

Sur le papier plié j'ai mis là : « Pour Lucette. »
Elle ne pourra pas s'y tromper, la coquette !

Il disparaît.

MOLIÈRE, *à Dassoucy, qui de nouveau tend son verre à Lucette.*

Ce petit vin vous plaît, Dassoucy ?

DASSOUCY, *vidant son verre.*

Qu'il est doux !...
Quel nectar !... J'en veux boire encore un ou deux coups.

Lucette lui remplit son verre, qu'il vide derechef.

Merci!... Je me sens mieux.

*Il s'épanouit voluptueusement sur son siège, puis, les bras
levés avec enthousiasme.*

Ah! comme je l'adore,
Ce Pézenas si gai, si clair et si sonore,
Qui, sous son vieux donjon aux sept superbes tours,
Semble ne plus songer qu'à ses belles amours!
Du haut beffroi royal de son hôtel de ville,
Où ton triple croissant, Diane, se profile,
Jusqu'à ses vieux remparts changés en promenoir,
Où, du soir au matin et du matin au soir,
Chante si joliment, à l'ombre, au pied d'un arbre,
Le ruissellement pur des fontaines de marbre,
La joyeuse cité, partout, à chaque pas,
Dedans, dehors, à droite, à gauche, en haut, en bas,
Sur son Quai, sur son Pré, par ses cours, ses ruelles,
Nous offre galamment des filles peu cruelles,
Dont les grands yeux naïfs, noyés d'un tendre émoi,
Ensorcellent les cœurs, Lucette, comme toi.

*Tandis que parle Dassoucy, Lucette, qui a été chercher sa
corbeille de fruits sur le dressoir, y trouve le papier de Pierrotin, le lit et le cache vivement dans son corsage, au bruit du
gobelet que le buveur heurte sur la table pour qu'on le lui rem-
plisse encore.*

LUCETTE, *à part, après avoir servi Dassoucy, et les yeux tournés
vers Molière, avec une joie contenue.*

Il m'aime!

DASSOUCY, *après une nouvelle rasade.*

C'est la ville où la Danse des Treilles

7

Passe, tourne et bruit comme un essaim d'abeilles ;
Et Molière y vola ce rayon du Midi
Dont sont tout imprégnés les vers de *l'Étourdi.*
Sous ses murs tapissés de pampres, toujours vibre
Le hautbois, la viole ou le luth, à l'air libre.
Avant boire et manger, dès l'aurore, au réveil,
Ici, je suis grisé de chansons, de soleil,
D'amoureuse allégresse et de beauté divine.
Mon être épanoui se dilate, s'affine ;
Et je crois, vive Dieu ! que sur ces bords bénis,
Comme un vieux cep de vigne en mai, je rajeunis.
En m'amenant, avec votre troupe, Molière,
Vous avez fait pour moi ce que fera saint Pierre,
Quand, mon dernier soupir rendu, je serai... feu !

> *Il veut embrasser Molière qui n'a que le temps de l'éviter.*

Ami, tu m'as ouvert les portes du ciel bleu.

> *Il se rassied et boit encore un grand coup de vin.*

MOLIÈRE, *à Lucette.*

Dès l'aube il était gris.

DASSOUCY, *se relevant, dithyrambique, le verre en main.*

Verse, Lucette, verse ;
Et qu'on mette au besoin tous les tonneaux en perce !

MOLIÈRE.

Vous allez, pour de bon, vous enivrer, mon cher.

DASSOUCY, *tendant son gobelet à Lucette.*

Qui ? Moi ! Nenni. Le vin, c'est le sang de ma chair ;
C'est... Comme j'ai sommeil !...

Il trébuche, puis à Molière qui veut empêcher Lucette de lui rien verser de plus.

Vous lui faites des signes
Pour l'empêcher de...

Il tombe lourdement sur la table, pris d'un sommeil d'ivrogne.

LUCETTE.

Paf! le voilà dans les vignes.

Elle lui frappe sur l'épaule, elle le pousse; il grogne, se secoue et retombe dans son assoupissement. Alors, elle se tourne prestement vers Molière, et radieuse en sa naïve émotion, mais non sans quelque embarras pudique, elle s'approche pour lui parler tout bas, avec un air de complicité mystérieuse et tendre.

Je savais bien, moussu; j'avais deviné!

MOLIÈRE, *tout étonné.*

Quoi?

Voyant l'embarras de Lucette.

Va, dis! Que savais-tu?

LUCETTE, *après une légère hésitation.*

Que vous pensiez à moi,
Tandis que je pensais à vous.

MOLIÈRE, *l'observant avec curiosité.*

Es-tu si fine,
En vérité?

LUCETTE.

Cela, sans parler, se devine.

MOLIÈRE.

Et tu l'as deviné sans qu'on en ait dit rien.

LUCETTE.

Vous aviez un tel air de me vouloir du bien !
Le ton que vous preniez, vos yeux, votre sourire,
Disaient ce que les mots craignaient encor de dire ;
Et je comprenais tout.

MOLIÈRE.

Mais sans faire semblant.

LUCETTE.

Dame ! on a toujours peur, et ce n’est qu’en tremblant
Que l’on ouvre d’abord son cœur à l’espérance.
Pourtant, dès le début, j’ai vu la différence
Entre vous et tous ceux qui veulent m’en conter.

Tirant la chanson de son sein.

Que votre chanson doit être belle à chanter !

MOLIÈRE.

Ma chanson ?

LUCETTE.

Elle est bien pour moi ?

MOLIÈRE.

Donne, petite.

LUCETTE.

Non, je veux la garder. J’en fus tout interdite ;
Et si, dans ma corbeille, en prenant le raisin,
Je ne l’avais trouvée ici, mise à dessein,
Avec mon nom prouvant qu’elle m’est destinée,
Je douterais encore.

MOLIÈRE, *jetant un coup d'œil sur la chanson.*

Elle n'est pas signée,
Du reste, la chanson. Le rendez-vous, non plus.

LUCETTE.

J'ai compris pourquoi.

MOLIÈRE.

Bah !

LUCETTE.

Ce sont oublis voulus.
Jamais un amoureux ne doit signer sa lettre ;
Ce chiffon peut se perdre et peut tout compromettre.
Que d'esprit vous avez ! Oh ! vous pensez à tout.

MOLIÈRE, *à part.*

Diantre ! il s'agit d'avoir de l'esprit jusqu'au bout.

Regardant de nouveau la chanson.

Il me semble que c'est l'écriture du page.

LUCETTE, *montrant du doigt les couplets.*

J'en sais déjà par cœur le plus joli passage.

MOLIÈRE.

Voyons !

LUCETTE, *repliant le papier et le cachant dans son corsage.*

Que je voudrais être digne de vous !

Relevant les yeux sur Molière.

Vous parliez tout à l'heure en des termes si doux
De mon premier baiser ! Pourquoi ne pas le prendre ?

MOLIÈRE, *souriant.*

Je n'ose.

LUCETTE, *se laissant aller à son élan.*

Eh bien, tenez!

Elle se jette à son cou et l'embrasse.

MOLIÈRE.

Vite, il faut te le rendre;
Ce sera comme si tu n'avais rien donné.

Il l'embrasse à son tour. Pierrotin apparaît au fond, les voit, reste une minute pétrifié, puis sort en montrant le poing à Molière, qui, d'ailleurs, pas plus que Lucette, ne l'a aperçu. On entend aussitôt le bruit retentissant d'une pile d'assiettes qu'il a renversée à la cantonade dans sa retraite furieuse.

LUCETTE, *se sauvant effrayée.*

Aï! moun Dious!

MOLIÈRE, *courant après elle.*

Ma chanson, Lucette!

Ils sortent de scène.

SCÈNE XI

DASSOUCY, *puis* GUILLERAGUES.

DASSOUCY, *réveillé en sursaut par le bruit formidable des assiettes cassées.*

Il a tonné!

Il se soulève, écarquille les yeux, regarde de tous côtés, puis retombe lourdement sur son siège.

Non, il fait beau, très beau. C'est extraordinaire.
Je m'étais assoupi; j'aurai rêvé tonnerre.
Que j'ai le gosier sec!

Il se verse à boire.

GUILLERAGUES, *survenant.*

Ah! c'est vous, Dassoucy.
Je pensais dénicher enfin Molière ici;
Où, diantre! est-il passé?

DASSOUCY.

Si le vin ne me leurre,
Avec lui je causais ici... là... tout à l'heure.

GUILLERAGUES.

Avec lui?

DASSOUCY.

Nous parlions...

Il veut se lever et aller vers Guilleragues.

Tiens! je vais de travers.
De quoi parlions-nous donc?

GUILLERAGUES.

Peut-être bien des vers
Qu'il m'avait demandés pour finir son poème!
Ne pouvant, ce matin, les lui porter moi-même,
Je les ai confiés à Pierrotin pour lui.

DASSOUCY.

Des vers! Ouais, c'est à vous qu'il demande aujourd'hui
Des vers?

GUILLERAGUES.

Et pourquoi pas, monsieur?

DASSOUCY.

Monsieur, à d'autres!

GUILLERAGUES.

Je fais des vers, monsieur, qui valent bien les vôtres.

DASSOUCY.

Fi donc! Je suis, monsieur, un authentique auteur,
Un poète.

GUILLERAGUES.

Et moi?

DASSOUCY.

Vous? A peine un amateur.

GUILLERAGUES.

Molière apparemment n'est point aussi sévère;
Et son avis, monsieur, vaut bien qu'on le préfère.

DASSOUCY.

Osez-vous comparer vos rimes de bibus
Aux chants harmonieux d'un vrai fils de Phœbus,
Dites!

GUILLERAGUES.

Pour discuter d'une façon discrète,
Vous avez, je le vois, trop de vin dans la tête.

DASSOUCY.

Veuillez donc vous en mettre autant dans le cerveau,
Mon cher; et vous serez avec moi de niveau.

Il lui verse à boire.

GUILLERAGUES.

Vous plaisantez.

DASSOUCY.

Non pas, buvez donc!

GUILLERAGUES.

A merveille!
Je n’ai jamais eu peur, mon cher, d’une bouteille.

Dassoucy choque son verre contre celui de Guilleragues; ils boivent.

DASSOUCY.

Vous buvez bien, c’est bon. Mais si vous buviez mieux,
Vos vers, mon cher, seraient meilleurs et plus joyeux.

GUILLERAGUES.

C’est possible.

DASSOUCY.

Si j’ai moissonné quelque gloire,
C’est que moi, par Bacchus! je bois comme il faut boire.

GUILLERAGUES.

Comment?

DASSOUCY.

Comme un tonneau!

GUILLERAGUES.

Soit! Parole d’honneur,
Vous ne boirez jamais comme un vrai grand seigneur,
Mon pauvre ami.

DASSOUCY.

Riez, puisque avec vos idées
Vous vous croyez plus grand que moi de cent coudées;
Riez, riez encore en vous rinçant le bec!
Mais sachez qu'à neuf ans, monsieur, je parlais grec;
Et que, tout en gardant les dindons de l'abbesse
Chez qui j'avais dû fuir une marâtre épaisse,
Je répétais par cœur *OEdipe* et le *Phédon*.

GUILLERAGUES.

Appreniez-vous le grec à quelque heureux dindon?

DASSOUCY.

Je n'oserais, monsieur, essayer sur vous-même.

GUILLERAGUES, *furieux*.

Si vous n'étiez pas gris!...

DASSOUCY.

Ai-je émis un blasphème?

GUILLERAGUES.

Non, mais un mot frisant l'impertinence.

DASSOUCY.

Eh bien,
Où voyez-vous, mon cher, de quoi fouetter un chien,
S'il ne l'a que frisée? Il faut que je vous dise,
Après tout, que cela vous frise ou vous défrise,
Mon sentiment exact sur vous et vos façons
De rimer par raccroc madrigaux et chansons.

GUILLERAGUES, *faisant un pas pour s'en aller*.
Je vous quitte.

DASSOUCY, *lui barrant le chemin.*

Restez! Sinon, je vais vous suivre.
Le vin excuse tout; et puisque je suis ivre,
Je ne sais pas pourquoi je ne serais pas franc.
Avec tous les égards qu'on doit à votre rang,
Apprenez donc ceci. Je connais maints poètes,
Trois entre autres, qui sont les plus étranges bêtes
Que l'on puisse, je crois, rencontrer sous les cieux.
L'un fut apothicaire. Il portait jusqu'aux yeux
Une barbe!... une barbe à damner Barbe-Bleue;
Il la portait ainsi qu'une carpe sa queue,
Et c'était, comme on dit, barbe d'opérateur.
Or, avec un tel poil, il voulut être auteur.
Il fit des vers, en fit des quantités énormes,
De toutes les longueurs et de toutes les formes;
Il rimait en triangle, en losange, en carré,
En potence, en croix simple, en croix de Saint-André,
Bref en tout ce qui peut offrir des symétries
Dans la nature vive ou les géométries.
Son logis en était bondé du haut en bas.
D'abord on y vint rire, et puis on n'y vint pas;
Si bien qu'elle a fini, cette barbe illusoire,
Par arracher les dents des rustres à la foire.
Un autre, un avocat sans cause, un noir benêt,
Dans la rue, en plein air, soudain vous harponnait
Et ne vous lâchait plus qu'il ne vous eût, le traître,
Débité, quoi qu'on dît pour rompre et disparaître,
Les cent trente sonnets, pas un de moins, hélas!
Qu'il fit... sur la baleine où séjourna Jonas.

C’était fort bien rimé mais incompréhensible.
On avait beau le suivre avec tout l’art possible,
Le prier plusieurs fois de répéter les mots,
Le sens vous en restait hermétiquement clos.
Il rendit des gens fous, monsieur. Quant au troisième,
C’était le pâtissier Ragueneau. Son poème
Sur ses fameux pâtés de lièvre le perdit.
Aux rimeurs affamés, dès lors, il fit crédit ;
Et lui-même, il ne put bientôt payer ses dettes.
En prison, le bonhomme écrivit des sornettes
Incroyables, des vers d’un calibre inouï ;
Puis, parfaitement gueux, mais l’œil épanoui,
Il sortit sur ses pieds de Paris, ville ingrate,
Cherchant fortune ailleurs, sans se fouler la rate,
Avec sa tendre épouse et ses trois chers enfants,
Plus un mulet chargé comme quatre éléphants,
Et chargé, devinez de quoi, pour tout bagage :
D’épigrammes, monsieur, seuls débris du naufrage !

GUILLERAGUES.

D’épigrammes ?

DASSOUCY.

Mais oui. Dans cet affreux revers,
Ce pâtissier sans pâte avait sauvé ses vers.

GUILLERAGUES.

Où diable voulez-vous en venir ?

DASSOUCY.

Foi d’ivrogne,
Mon discours est trop beau pour qu’en rien je le rogne.

Donc, ces rimeurs étaient, vous voyez, de grands fous ;
Eh bien, tous trois étaient plus poètes que vous.

GUILLERAGUES.

C'en est trop. Je...

DASSOUCY.

      Tout beau, monsieur de Guilleragues !
Malgré vos rubans clairs, vos titres et vos bagues,
Malgré votre grimace et votre vanité,
Vous n'êtes, comme auteur, rien qu'un âne bâté ;
Et la vulgarité la plus fade patauge
En vos vers où l'esprit ne sent ni sel ni sauge.

GUILLERAGUES.

L'âne bâté, c'est vous, monsieur l'impertinent ;
Et tenez ! pour que nul n'en doute maintenant,
Par Bacchus, par Vénus, par Phœbus, je vous bâte.

Il décroche l'enseigne du Bât d'argent et en affuble Dassoucy.

DASSOUCY, *ôtant le bât de son dos pour en affubler Guilleragues.*

C'est bon pour votre échine, animal ; qu'elle en tâte !
Vli !

GUILLERAGUES, *lui rejetant le bât.*

  Vlan !

DASSOUCY, *même jeu.*

  Rimeur de balle !

GUILLERAGUES, *même jeu.*

      Être grotesque et vain !

DASSOUCY, *même jeu.*

Double fat !

GUILLERAGUES, *même jeu.*

Triple cuistre !

DASSOUCY, *même jeu.*

Outre à vent !

GUILLERAGUES, *même jeu.*

Sac à vin !

Ils sortent de scène, en se poursuivant pour se rejeter l'un à l'autre le bât de l'enseigne.

SCÈNE XII

MADEMOISELLE BÉJART, MADEMOISELLE DU PARC, PIERROTIN, L'HOTE.

PIERROTIN, *faisant signe aux autres d'entrer.*

Venez !

MADEMOISELLE BÉJART.

Mais, Pierrotin, êtes-vous sûr des choses ?

PIERROTIN.

Chut ! on ne peut ici conférer, portes closes ;
Il faut parler plus bas, il faut guetter nos gens.

MADEMOISELLE DU PARC.

Allez donc vous coiffer d'hommes intelligents !
Ils courent aussitôt caresser la servante.
Je ne puis croire encor...

PIERROTIN.

Pensez-vous que j'invente?

L'HÔTE, *menaçant du doigt Pierrotin.*

Si tes propos ne sont que colle de Béziers,
Gare à toi!

PIERROTIN, *à l'hôte.*

Vous hurlez comme vingt créanciers.
Taisez-vous, maître Côme! et vous verrez merveilles
En ouvrant vos gros yeux et vos grandes oreilles.
Tout à l'heure, ici même, ils se sont embrassés,
Vous dis-je, devant moi!

MADEMOISELLE DU PARC.

Fi! quelle horreur!

MADEMOISELLE BÉJART.

Assez!

PIERROTIN, *montrant une encoignure séparée de la cour
intérieure, en guise d'office, par une tenture glissant sur une tringle.*

Les voilà! Cachons-nous promptement.

Ils se cachent derrière la tenture.

SCÈNE XIII

LES MÊMES, MOLIÈRE, LUCETTE.

MOLIÈRE, *amenant Lucette sur le premier plan.*

Je confesse

Que le petit billet qui portait ton adresse
Ne venait pas de moi.

LUCETTE.

Quoi! rendez-vous, chanson?...

MOLIÈRE.

T'arrivaient d'autre part.

LUCETTE, *interdite, puis désolée.*

Oh! quelle trahison!
Ainsi vous me mentiez!

MOLIÈRE.

Non pas, chère petite;
D'honneur! Mais ton idée allait, allait si vite!
Je fus, sans le vouloir, tout de suite entraîné
Plus loin que je n'aurais jamais imaginé.

Lucette baisse la tête en pleurant.

Pardonne-moi!

LUCETTE.

J'ai donc rêvé. Quelle folie!

Elle essuie ses yeux.

MOLIÈRE.

Tu n'en seras que plus divinement jolie.

LUCETTE.

Mais la chanson, de qui me venait-elle enfin,
Avec ce rendez-vous?

MOLIÈRE.

Le petit page est fin;

Il aura dérobé la chanson à son maître
Pour te faire la cour en musique.

*Pierrotin écarte un peu la tenture et passe la tête pour mieux
entendre.*

LUCETTE.

Le traître !

MOLIÈRE.

Ne te parlait-il pas quelquefois tendrement ?

LUCETTE.

Je le croyais, non point amoureux, mais gourmand,
Et lui donnais souvent des gâteaux en cachette !

MOLIÈRE.

Il a probablement tous les vices, Lucette.

La tête de Pierrotin disparaît.

LUCETTE.

Pécaïré ! j'en ai peur. C'est qu'il me compromet,
Moussu !

MOLIÈRE.

L'hôte est jaloux, lui, comme s'il t'aimait.

La tête de l'hôte apparaît sous la tenture.

LUCETTE.

Oh ! je sais qu'il me trouve à son gré, le brave homme !
N'importe !

MOLIÈRE.

Qu'il t'épouse !

LUCETTE.

Il est trop économe.

Oui, c'est un ladre vert.

La tête de l'hôte disparaît.

MOLIÈRE.

Est-ce qu'il te déplaît?

LUCETTE.

Il ne veut pas de moi, vous dis-je.

MOLIÈRE.

Et s'il voulait?

LUCETTE.

Dame! lorsque l'on n'est ni princesse ni reine,
Et lorsque par malheur on n'a point pour marraine
Morgane ou Carabosse, on ne peut décemment
Se réserver toujours pour le Prince Charmant.

MOLIÈRE.

Eh bien! pour gagner l'hôte et pour flatter son vice,
Un beau soir nous jouerons à votre bénéfice
Et nous te doterons.

LUCETTE.

Maître Côme est jaloux.

Acceptera-t-il?

MOLIÈRE.

Bah! nous verrons.

LUCETTE.

Croyez-vous?

MADEMOISELLE BÉJART, *sortant de la cachette et menant l'hôte vers Lucette, qui jette un cri et dérobe son visage sous ses mains.*

Le voilà!... Mais tous deux, ils perdent contenance.

L'HÔTE, *à Lucette, après le premier moment d'embarras.*

Lucette, sois ma femme, avec ou sans finance!

LUCETTE, *ôtant ses mains de son visage et tout ébahie.*

D'où sortez-vous ainsi? Quoi! vous étiez là, tous.
Et qu'y faisiez-vous donc, nostré Seigné moun Dious?

PIERROTIN, *tandis que l'hôte interdit tourne son bonnet entre ses mains.*

Nous passions par hasard.

LUCETTE.

Tous quatre en ce coin sombre!

PIERROTIN, *d'un ton dégagé.*

L'endroit nous a paru plein de fraîcheur et d'ombre.

L'HÔTE, *avec un gros rire.*

Et nous sommes restés, tous quatre, sans façon.

MADEMOISELLE BÉJART, *bas, à Molière.*

C'est à vous que le page a volé la chanson,
Avouez-le!

MOLIÈRE, *bas, à mademoiselle Béjart.*

Non pas!

MADEMOISELLE BÉJART, *même jeu.*

Elle était pour Marquise?

MOLIÈRE, *même jeu.*

Soit !

MADEMOISELLE DU PARC, *bas, à Molière, de l'autre côté.*

Vous retrouverez Lucette.

MOLIÈRE, *bas, à mademoiselle du Parc.*

A votre guise !

SCÈNE XIV

LES MÊMES, DASSOUCY, GUILLERAGUES.

DASSOUCY, *rentrant, la face épanouie et le dos enharnaché du bât d'argent, bras dessus bras dessous avec Guilleragues, qui soutient sa marche titubante.*

Maître Côme, du vin, du bon ! J'en ai promis.

Montrant Guilleragues.

Nous sommes maintenant une paire d'amis.
Quel poète ! Il a fait, tout d'un trait, dare-dare,
De petits vers sur moi ; c'est beau comme Pindare :

Déclamant.

« Monsieur Dassoucy
N'a d'autre souci
Que d'avoir la trogne
D'un parfait ivrogne. »

A Guilleragues.

Vous êtes maintenant digne du laurier d'or.

Il lui repasse le bât d'argent, qui tombe entre eux pendant leur lutte joyeuse, et que l'hôte ramasse et fait replacer à l'enseigne. Puis Dassoucy, apercevant Pierrotin.

Ah! te voici! Quel tour me viens-tu faire encor?
Rends-la-moi, la chanson que tu m'as dérobée!

MADEMOISELLE BÉJART.

La chanson!

MADEMOISELLE DU PARC.

C'était vrai!

Elles font mine de se vouloir réconcilier avec Molière.

LUCETTE, *donnant la chanson à Dassoucy.*

Prenez! elle est tombée,
Par hasard, en mes mains.

DASSOUCY.

Bah!

MOLIÈRE, *à Dassoucy.*

Restons indulgents!
Montrant Lucette et l'hôte.
Votre chanson d'amour a marié des gens.

DASSOUCY.

Je la renie alors.

MOLIÈRE, *à Lucette et à l'hôte.*

Soyez heureux! J'envie
Votre paisible sort et la charmante vie
Que vous allez avoir en ce pays divin,
Si gai, si beau, si plein de sève et de bon vin!

PIERROTIN, *bas, à l'hôte en lui montrant Molière.*

Fasse Dieu que l'aîné de vos fils lui ressemble !

*L'hôte lui débouche au nez une bouteille de blanquette mousseuse
qui l'inonde.*

DASSOUCY.

Buvons à leur santé, Molière, tous ensemble !

MOLIÈRE.

Un instant ! Je voudrais la connaître, à la fin,
Cette chanson que j'ai tant réclamée en vain.

DASSOUCY.

Pour avoir son pardon, que Pierrotin la dise !

MADEMOISELLE DU PARC, *à Pierrotin.*

Sans canard !

PIERROTIN, *préludant sur son luth.*

Écoutez ! C'est une friandise,
Un régal de gourmet, dont le charme vainqueur
Vous caresse l'oreille et vous fond dans le cœur.

Il chante, en affectant de regarder Lucette.

I

Jeune beauté que j'ai tant poursuivie,
Et qui pour moi n'avez que des refus,
Voulez-vous donc, à la fleur de la vie,
Désespérer mon cœur triste et confus ?

II

Que faut-il faire, ô beauté si cruelle,
Pour adoucir votre injuste rigueur ?
Je souffre, hélas ! une douleur mortelle ;
Tout m'est supplice et je tombe en langueur.

III

Nul plus que moi ne vous trouvera belle,
Vous me verrez mieux épris chaque jour ;
A mes soupirs cessez d'être rebelle
Et laissez-vous désarmer par l'amour !

Tous applaudissent ; et l'hôte, débouchant aussitôt un autre flacon de blanquette, inonde Pierrotin de nouveau pour se venger de son impertinence.

MOLIÈRE.

Bravo pour Dassoucy, qui rima cette page
Et la mit en musique !

DASSOUCY.

Et bravo pour le page !

Levant son verre plein.

Maintenant, messeigneurs, à l'hôte !

GUILLERAGUES, *même jeu que Dassoucy.*

Aux amoureux !

PIERROTIN, *même jeu que les précédents.*

A la nouvelle hôtesse !

MOLIÈRE, *à Lucette et à l'hôte.*

Amis, soyez heureux !

Molière en Bonne Fortune

COMÉDIE EN UN ACTE

EN VERS

Publiée par la *Revue de France* pour l'inauguration du Monument
de Molière à Pézenas.

8

PERSONNAGES

MOLIÈRE.
DASSOUCY.
PIERROTIN.
LE BARON.
LE DOCTEUR.
LA MARQUISE.
LA PRÉSIDENTE.
LANGOUMOIS, valet de la marquise.

La scène est à Lavagnac, dans le parc, devant le château de la Marquise.
Mai 1656.

Molière en Bonne Fortune

SCÈNE PREMIÈRE

DASSOUCY, PIERROTIN.

*Dassoucy, poursuivant Pierrotin, descend du château dans le parc ;
il court, embarrassé par son luth qu'il tient de la main gauche.*

DASSOUCY.

Le vaurien, le pendard ! Vous me paîrez ceci,
Brigand de Pierrotin.

PIERROTIN.

Mais, monsieur Dassoucy,
Je l'ai fait sans mauvais dessein, je vous l'atteste.

DASSOUCY.

Le beau « venez-y voir ! »

PIERROTIN.

D'ailleurs...

DASSOUCY.

Petite peste !

PIERROTIN.

Pourquoi perdre après moi votre temps et vos pas ?
Je suis plus prompt que vous et vous ne m'aurez pas.

DASSOUCY.

Je vous attraperai, monstre !

PIERROTIN.

Mon digne maître,
Vous allez, j'en ai peur, vous casser le nez.

DASSOUCY, *tombant et laissant rouler son luth.*

Traître !
Il me fera mourir.

PIERROTIN.

Je vous l'avais bien dit ;
C'était fatal.

DASSOUCY.

Au moins, relève-moi, bandit !

PIERROTIN, *l'aidant à se relever.*

Souffrez-vous quelque part ?

DASSOUCY, *saisissant Pierrotin.*

Je me porte à merveille ;
Et je crois cette fois vous tenir par l'oreille,
Monsieur le galopin.

PIERROTIN.

Aïe! à l'aide! au secours!

DASSOUCY.

Vous tairez-vous?

PIERROTIN.

Au meurtre! on attente à mes jours.

Aux cris de Pierrotin, sortent du château la Marquise, la Présidente, le Baron, le Docteur et Langoumois.

SCÈNE II

Les Mêmes, LA MARQUISE, LA PRESIDENTE, LE BARON, LE DOCTEUR, LANGOUMOIS, *puis* MOLIÈRE.

LA MARQUISE, *à Dassoucy.*

Pardonnez-lui.

DASSOUCY.

Non pas! Tant pis pour lui s'il bouge, Madame la marquise!

PIERROTIN, *se débattant.*

A moi!

LA PRÉSIDENTE.

Comme il est rouge!

8.

PIERROTIN.

Monsieur, vos procédés sont...

DASSOUCY.

Quoi?

PIERROTIN.

... Décourageants!

On ne me prendra plus à relever les gens.

LE DOCTEUR, *à Dassoucy.*

Voyons! il est à tout péché miséricorde.

DASSOUCY.

Non, non! mon cher docteur, il mérite la corde.

LE BARON, *à Dassoucy.*

Quel crime a-t-il commis?

DASSOUCY.

Le damné moucheron!
Ah! vous me demandez ce qu'il a fait, baron!
Nous étions tous les deux sans gîte et sans ressource,
Sans un sou, sans un liard vaillant dans notre bourse,
Le jeu très proprement nous ayant nettoyés;
Molière alors nous a nourris, logés, choyés,
Et nous a, par amour de la bonne musique,
Relevé le moral, remonté le physique,
Sans rien vouloir, après un accueil si touchant,
Du maître que son luth, du page que son chant.
Depuis six mois, avec Thalie et Melpomène,
Dans ce beau Languedoc qu'il charme, il nous promène.
Pour notre dernier jour, en vrais enfants gâtés,

Par la marquise, ici, nous sommes invités
De façon très flatteuse; à sa table, nous sommes
Bellement festoyés, servis en gentilshommes;
Et quand, tant de bons plats avalés, au dessert
On daigne nous prier de donner le concert,
Ce noir petit démon n'ouvre sa sotte bouche
Que pour chanter un air qui cloche, grince, louche,
Comme si, dans sa gorge ou son nez, le goujat
Recélait un canard poursuivi par un chat.
Laissez, laissez-le-moi châtier d'importance!

PIERROTIN.

L'ai-je donc fait exprès?

DASSOUCY.

Oui, gibier de potence!

LA PRÉSIDENTE.

Il a l'air si gentil!

DASSOUCY.

Il voulait me narguer,
Parce qu'hier au soir j'ai dû lui confisquer
Un flacon de muscat qu'il sifflait, le beau merle.
Il était gris, mais gris!...

PIERROTIN.

Tout au plus gris de perle.

DASSOUCY.

Monsieur n'a pas vingt ans et boit comme un soudard.

PIERROTIN.

Vieux, je regretterais d'avoir commencé tard.

DASSOUCY.

L'autre jour, je l'enferme un peu, pour qu'il travaille.
Que vois-je en revenant? Au moyen d'une paille,
Il humait, par le trou de la serrure, un pot
Qu'au dehors lui tenait un valet de tripot.

> *Sur ces derniers vers, Molière est sorti du château ; et du haut du perron, il écoute la suite de la scène, sans être vu des personnages qu'il domine.*

PIERROTIN.

J'avais soif, voilà tout. D'ailleurs, suis-je un esclave
Pour qu'ainsi l'on m'enferme? Allez, faites le brave!
J'en pourrais raconter de belles, moi, sur vous.

DASSOUCY.

Est-ce qu'on croit jamais ce que disent les fous?

PIERROTIN.

Qui donc, l'autre matin, se plaignant à son page
De l'étiquette absurde et du vain équipage
Des valets en livrée et des maîtres d'hôtel,
Affirmait qu'un dîner chez les grands est mortel;
Qu'à leur table on ne peut s'asseoir que d'une jambe;
Que les marauds narquois dont le galon d'or flambe,
Sous prétexte de vous débarrasser des os,
Ne vous laissent jamais finir les bons morceaux,
Et n'offrent guère à boire, entre temps, qu'aux convives
Dont les verres sont pleins ou les lèvres craintives?

DASSOUCY.

Je proteste...

PIERROTIN.

Oh! ce n'est pas vous, assurément.

DASSOUCY.

Vous dénaturez tout.

PIERROTIN.

Qui donc, quel fin gourmand,
Déplorait qu'on ne pût commander des grillades,
Redemander les plats qu'on suit de ses œillades,
S'accouder en causant, porter une santé,
Faire rubis sur l'ongle et rire en liberté?

DASSOUCY, *à la Marquise*.

Il invente à plaisir; je ne suis point capable
De tenir ce langage.

PIERROTIN.

On le sait!

MOLIÈRE, *s'approchant*.

Le coupable,
C'est donc moi!

DASSOUCY.

Vous, Molière?

MOLIÈRE.

Oui, ces mots ronds et francs
Me plaisent. Ils n'ont pas de père, je les prends.
Et pour faire la paix, que votre virtuose,
Dassoucy, veuille bien nous chanter quelque chose!

PIERROTIN.

J'ai le gosier fort sec.

MOLIÈRE.

Le tour est délicat!

LA MARQUISE.

Langoumois, débouchez notre meilleur muscat
Pour ces deux ennemis, que le Docteur, à table,
Va réconcilier de façon charitable.
Ensuite, ils nous diront leurs airs les plus vantés.

Le Docteur s'incline.

DASSOUCY.

J'accepte de grand cœur.

LE BARON.

A table!

LA PRÉSIDENTE, *au Baron.*

Non, restez!

Vous m'accompagnerez au parc.

Dassoucy, Pierrotin, le Docteur et Langoumois rentrent au château.

SCÈNE III

LA MARQUISE, LA PRÉSIDENTE, MOLIÈRE, LE BARON.

MOLIÈRE, *au Baron, tandis que la Présidente prend
la Marquise à part.*

La Présidente

Vous tyrannise.

LE BARON.

Hélas !

MOLIÈRE.

Elle paraît ardente.

LE BARON.

Hélas !

MOLIÈRE.

Et vous semblez, en revanche, un glaçon.

LE BARON.

Moi ? je brûle d'amour !

MOLIÈRE.

A donner le frisson !

LE BARON.

Je l'aime éperdument.

MOLIÈRE, *désignant la Présidente.*

Elle ?

LE BARON.

Non, la Marquise.
Oh ! vous le savez bien. Est-ce qu'on vous déguise
Pareille chose, à vous ? Toujours je me promets
De lui tout avouer ; et je ne puis jamais
Lui dire un mot. Mais vous, qui lisez dans mon âme,
Ne pourriez-vous pour moi lui parler de ma flamme ?

MOLIÈRE, *voyant revenir la Marquise et la Présidente.*

Chut !

LA PRÉSIDENTE, *bas, à la Marquise, en lui montrant le Baron.*

Il m'adore.

LA MARQUISE.

Lui!

LA PRÉSIDENTE.

Qui pourrait en douter?
Il me cherche en faisant semblant de m'éviter,
Me répond de travers, trébuche sur ma robe,
Et, quand je crois enfin le tenir, se dérobe.

LA MARQUISE.

C'est très particulier.

LA PRÉSIDENTE.

Mais non! je n'y vois rien
Que de tout naturel et de tout simple.

LA MARQUISE.

Bien!

LA PRÉSIDENTE.

C'est dit. Laissez-nous seuls. Il faut qu'il se décide,
Cette fois, à m'ouvrir son pauvre cœur timide.

Elle s'éloigne avec le Baron.

SCÈNE IV

MOLIÈRE, LA MARQUISE.

MOLIÈRE.

Vous n'avez pas pitié de cet amant transi ?
La Présidente va l'attaquer sans merci.

LA MARQUISE.

Tant pis ! qu'il se débrouille ! Ainsi, monsieur Molière,
Vous partez ?

MOLIÈRE.

Il le faut.

LA MARQUISE.

De quelle singulière
Et plaisante façon nous nous sommes connus !
Puis, que de gais instants !

MOLIÈRE.

Que sont-ils devenus ?

LA MARQUISE.

C'est votre admirateur, le baron en personne,
Qui vous introduisit dans nos murs ; je soupçonne
L'histoire qu'il me fit d'être un conte.

MOLIÈRE.

Non pas !

LA MARQUISE.

C'était vrai ?

MOLIÈRE.

Je me vois encore en plan là-bas.

LA MARQUISE.

Quoi! le char de Thespis avait cet attelage?

MOLIÈRE.

Oui, ce méchant petit voiturier de village
Avait à notre char attelé trois chevaux,
Dont un borgne, avec deux aveugles. Et par vaux
Et par monts, celui-là guidant ceux-ci, ma troupe
Roulait cahin-caha, formant un morne groupe.
Tout à coup, l'on s'arrête, on regarde, on descend.
Le cheval borgne était frappé d'un coup de sang,
Ce qui paralysait le seul œil des trois bêtes.
Consternation. Rien pour abriter nos têtes.
La nuit allait venir; et nous aurions couché
Dans une ornière ou dans un fossé desséché,
Si ce cher baron, qui, par amour pour Thalie,
De nous accompagner avait fait la folie,
Ne nous avait conduits chez vous, à travers champs.

LA MARQUISE.

Et sans retour, peut-être, après si peu de temps,
Vous quittez aujourd'hui notre pauvre contrée!

MOLIÈRE.

Cinq grands mois ont déjà suivi cette soirée.

LA MARQUISE.

Vous nous oublierez vite en de nouveaux séjours.

MOLIÈRE.

Vous savez bien qu'à vous je penserai toujours!

LA MARQUISE.

L'ironique mensonge, hélas!

MOLIÈRE.

Non, sur mon âme!

LA MARQUISE.

Vous voilà pénétré d'une si belle flamme,
Que vous parlez avec les intonations
Des soupirants qui font des déclarations.

MOLIÈRE.

Oh! l'on n'en fait jamais que dans les tragédies.

LA MARQUISE.

Les cœurs faibles sont pris par les âmes hardies;
On se plaît à savoir qu'on inspire l'amour.

MOLIÈRE.

Quelle femme pourrait s'y méprendre un seul jour?

LA MARQUISE.

Et les hommes, ont-ils cette finesse extrême?

MOLIÈRE.

Les uns pensent toujours et partout qu'on les aime;
Et les autres, toujours par leurs craintes trahis,
Pensent être partout dédaignés ou haïs.

LA MARQUISE.

Et quand ceux-ci, prudents en dépit de Minerve,
N'osent se départir de leur humble réserve,
Que faire en face d'eux ?

MOLIÈRE.

On leur tend simplement
La main, quand il le faut, comme il le faut.

LA MARQUISE, *lui tendant la main.*

Comment ?
Est-ce comme cela ?

MOLIÈRE, *couvrant de baisers la main de la Marquise.*

Quel rêve, quel délire !
J'avais peur, je n'osais rien espérer, rien dire,
Et ne vous parlant pas, je sentais chaque jour
Mon pauvre cœur muet plus dévoré d'amour.
Ne saviez-vous pas tout ? Car, dès l'heure première,
Vous fûtes mon recours, ma joie et ma lumière !

LA MARQUISE.

J'ai l'esprit si novice ! Au sortir du couvent,
Mon grand-père me dit tout net : « Ma belle enfant,
Vous allez épouser le marquis ; c'est un homme
Que j'estime, que j'aime, et qui doit faire, en somme,
Votre parfait bonheur. » J'épousai le marquis.
Contrat, messe, festin, bal, souper, vins exquis,
Chère abondante. On mange, on boit pendant des heures.
Puis, tandis que les gens regagnent leurs demeures,
Mes femmes me faisant escorte, je me rends

Dans nos chambres. Grand bruit. On accourt ; et j'apprends
Que le marquis n'est plus.

MOLIÈRE.

Quoi ! mort ? Qu'un mari meure,
Cela se comprend ; mais, qu'il meure à pareille heure,
Cela se comprend moins. Terrible émotion,
Madame !

LA MARQUISE.

Il était mort d'une indigestion
Foudroyante.

MOLIÈRE.

Il n'avait que ce moyen, peut-être,
De donner le bonheur promis par votre ancêtre.

LA MARQUISE.

Je jurai de rester veuve éternellement.
Et d'abord, rien de mieux ; mais comme, en un moment,
Tout change !

MOLIÈRE.

Sommes-nous en plein conte de fées !
Une ivresse au cerveau me monte par bouffées.
M'épouser !... Est-ce vrai ?... Vous dérogeriez !

LA MARQUISE.

Non !
Je puis vous anoblir sous mon titre et mon nom.

MOLIÈRE, à part, plaisamment.

Marquis, moi !

LA MARQUISE.

C'est avec un sot que l'on déroge.
Avais-je donc besoin d'entendre votre éloge
Fait à tout bout de champ par le baron, pour voir
Que vous valez autant qu'un homme peut valoir?
Vous n'allez plus, d'ailleurs, jouer la comédie.

MOLIÈRE.

Ah!

LA MARQUISE.

Sur la scène, est-il besoin qu'on vous le die,
Vous ne paraîtrez plus en personne.

MOLIÈRE.

Pourtant...

LA MARQUISE.

Vous vivrez sans tracas, libre, calme, content,
Travaillant à loisir...

MOLIÈRE, *avec un sourire.*

Si cela vous amuse!

LA MARQUISE.

Je prétends, tout de bon, devenir votre muse;
Vous verrez. Mais quelle ombre obscurcit votre front?

MOLIÈRE.

Mes vieux amis, je songe à ce qu'ils deviendront.

LA MARQUISE.

Vos vieux amis! Je vois. C'est quelque fille d'Ève...

MOLIÈRE, *lui prenant la main.*

Non! le passé me semble, auprès de vous, un rêve;

Et, le cœur éperdu, j'oublie à vos genoux
L'univers tout entier. Aimons-nous, aimons-nous,
Comme les dieux et les déesses!

LA MARQUISE.

Pas encore!

Voyant Dassoucy, le Docteur et Pierrotin apparaître sur le seuil du château, elle dégage vivement sa main que Molière veut reprendre.

On vient. J'ai la rougeur au front.

MOLIÈRE.

Comme l'Aurore!

LA MARQUISE.

Chut! Ici, ce n'est point l'Olympe.

Elle s'enfuit.

SCÈNE V

MOLIÈRE, *seul.*

Esprit, beauté,
La marquise est divine... avec humanité!
C'est un petit cœur d'or, sans ombre d'alliage,
Et qui me veut grand bien. Oui, mais le mariage!...

Tandis que Molière reste pensif, Dassoucy, Pierrotin et le Docteur sortent bruyamment du château; Pierrotin porte un flacon et un gobelet, boit à petits coups, fait claquer sa langue et se caresse l'estomac avec béatitude.

SCÈNE VI

MOLIÈRE, DASSOUCY, PIERROTIN, LE DOCTEUR.

PIERROTIN, *chantant.*

Que Saint-Amand a de raison
D'aimer le jus de la vendange!...

LE DOCTEUR.

Que faites-vous, monsieur!

PIERROTIN.

J'admire votre nez;
Ses joyeux ailerons, tout enchérubinés,
Semblent vibrer au son d'éclatantes fanfares
Et brillent, tels qu'au bout d'un cap puissant deux phares.

DASSOUCY, *au Docteur.*

Vous roulez là-dessous comme une barque en mer.

LE DOCTEUR.

Vous faites des zigzags comme un crabe, mon cher.

DASSOUCY.

Ne jurerait-on pas, Molière, qu'il navigue?
Croiriez-vous que, depuis une heure, il me prodigue
Des traits non moins légers qu'un troupeau d'éléphants,
Parce que...

LE DOCTEUR.

L'insensé !

DASSOUCY.

... Parce que je défends
Le burlesque, ce genre admirable, sublime,
Où, mariant gaîment le délire à la rime,
J'ai créé tant de vers qu'on aime à la fureur.
Vous me faites pitié.

LE DOCTEUR.

Vous me faites horreur.

DASSOUCY.

Écoutez, je voudrais vous convertir.

LE DOCTEUR.

Arrière !

DASSOUCY, *à Molière, toujours songeur.*

Mais, par le diable ! à quoi pensez-vous donc, Molière !

MOLIÈRE, *gêné d'abord, puis avec décision.*

Un conseil, mes amis ! Si je me mariais ?

Dassoucy, le Docteur et Pierrotin éclatent de rire.

LE DOCTEUR.

Vous ? Par saint Rigomé, relisez Rabelais !

MOLIÈRE.

C'est pour l'avoir relu que je vous en réfère.

LE DOCTEUR.

Puisque vous n'avez pas la foi, mauvaise affaire !

9.

MOLIÈRE.

Mais...

LE DOCTEUR.

Je n'en tiendrais pas le fer chaud.

PIERROTIN.

C'est charmant;
Il faut cependant bien qu'on s'épouse. Autrement,
Le monde finirait tout de suite.

DASSOUCY.

Au contraire!

LE DOCTEUR, *à Dassoucy*.

Prenez garde, monsieur; le mot est téméraire.

MOLIÈRE.

Que me conseillez-vous, docteur?

LE DOCTEUR.

Moi que voici,
Me suis-je marié?

MOLIÈRE.

C'est juste. Et Dassoucy!

DASSOUCY.

Est-ce vraiment de vous qu'il s'agit?

MOLIÈRE.

De moi-même.

DASSOUCY.

On vous fit avaler quelque drogue?

MOLIÈRE.

Non, j'aime.

DASSOUCY.

Vous aimez, vous songez au mariage !

MOLIÈRE.

Eh bien ?

DASSOUCY.

Faites-vous Turc !

LE DOCTEUR.

Pourquoi ne pas rester chrétien ?

DASSOUCY.

Faites-vous Turc, avec un turban sur la nuque !
Quand on n'a pas à son service un seul eunuque
Pour veiller, sabre au clair, sur un sérail bien clos ;
Quand on doit laisser voir partout, à tout propos,
Sa propre femme, à soi, demi-nue et sans grille,
O Molière, il vaut mieux la laisser vieillir fille.
Mais qui voulez-vous donc épouser à la fin ?
Cette femme doit être un petit séraphin.

MOLIÈRE.

Elle est belle...

DASSOUCY, *avec un sourire d'assentiment.*

Eh !

MOLIÈRE.

Riche...

DASSOUCY, étonné.

Ah !

MOLIÈRE.

Noble.

DASSOUCY, stupéfait.

Oh !... C'est quelque folie.

MOLIÈRE.

Mais non !

DASSOUCY, secouant la tête.

Prêtez l'oreille à cette parabole.
Quand je quittai Paris pour aller à Turin,
J'avais un âne, un âne appelé Mathurin,
Sobre, doux, jovial comme un magot de Chine,
Qui, sans jamais broncher, portait sur son échine
Mon téorbe, mon luth, mes coffres à chansons,
Et moi-même au besoin. Et vers les horizons,
Mon page me suivant, j'allais à l'aventure,
Libre, gai, tout entier à la belle nature,
Humant à pleins poumons l'air pur et généreux,
Léger comme un oiseau, parfaitement heureux.
On goûtait sous un hêtre, au bruit d'une cascade ;
Puis, cueillant au buisson une rose muscade,
On repartait, lesté, sur un vieil air français.
A l'auberge, au déclin du jour, je ravissais
Toute la maisonnée en chantant sous la treille.
L'hôte prenait pour moi quelque fine bouteille
Derrière les fagots. Lors, Claudine ou Marton,
Fossette à chaque joue et fossette au menton,

Me menait à mon lit où, ne vous en déplaise,
Entre deux beaux draps blancs bien étendu, plein d'aise,,
Aux notes de cristal d'un rossignol lointain
Je m'endormais, parmi la lavande et le thym.

MOLIÈRE.

Fort bien! mais...

DASSOUCY.

Un marquis, rencontré sur la route,
Ayant du premier coup vu qui j'étais sans doute,
Me fit venir, diner, coucher à son château,
Et, par grande amitié pour moi, me fit cadeau,
Quand je fus pour partir, d'un cheval magnifique.
J'aurais dù m'en tenir au roussin pacifique
Et décliner tout droit le cadeau du seigneur;
J'acceptai, je ne sais par quel sot point d'honneur.
De l'équitation j'ai peu fait mon étude.
Certes, j'eus vaguement un brin d'inquiétude;
Mais sans trop réfléchir ni me faire prier,
Je mis étourdiment le pied dans l'étrier.
Je n'étais pas plutôt en selle que la bête
Partit au grand galop vers le guichet. Ma tête
Eût net été tranchée au niveau du mur bas
De ce guichet maudit, si je ne m'étais pas
Accroché des deux poings crispés à la crinière
Et, blême comme un homme à son heure dernière,
Aplati tout entier d'un mouvement très prompt.
Rien qu'à m'en souvenir, j'ai la sueur au front.
Molière, gardez-vous d'un coursier trop lyrique!
La meilleure monture, ami, c'est ma bourrique.

MOLIÈRE.

Et vous, page?

PIERROTIN.

Épousez!

MOLIÈRE.

Vos raisons?

PIERROTIN.

Les voici.
Vous aurez, au bas mot, quelques mois sans souci.
Qui sait? un an, deux ans, peut-être. Votre femme,
Répondant à vos feux par une égale flamme,
Vous comblera de tout ce qu'il est bon d'avoir.
Vous boirez, mangerez, aimerez par devoir,
Sans bourse délier, pour de très fortes sommes.
Peut-être ferez-vous souche de gentilshommes.
Puis, lorsque vous viendra la nostalgie enfin,
Vous partirez, monsieur, bien garni de vieux vin;
Et tel qu'un papillon qu'attirent les lumières,
Vous reviendrez gaîment à vos amours premières,
A l'ancien idéal plein de frais renouveau,
Au théâtre! Je tiens cela dans mon cerveau
Pour certain, pour fatal et pour inéluctable.
Vous aurez toujours eu bon gîte, bonne table,
Et le reste, pendant plus de temps que, jadis,
Ève et son pauvre époux n'eurent le paradis.

Rires du Docteur et de Dassoucy.

MOLIÈRE.

Tel homme, tel conseil.

SCÈNE VII

LES MÊMES, LA MARQUISE, LA PRÉSIDENTE,
LE BARON.

LA MARQUISE.

Est-ce qu'on nous oublie ?

Quels rires !

DASSOUCY.

Pierrotin disait une folie.

LA PRÉSIDENTE, *bas, à la Marquise.*

Vous nous avez troublés, marquise.

LA MARQUISE.

Il fuyait.

LA PRÉSIDENTE.

Lui !

C'est pour mieux revenir, madame, s'il a fui.

LE BARON, *bas, à Molière.*

Avez-vous parlé ?

MOLIÈRE.

Non ; impossible à cette heure !

LE BARON.

Hélas !

MOLIÈRE.

C'est délicat.

LE BARON.

Vous voulez que je meure.

MOLIÈRE.

Faites que je sois seul avec elle un moment;
Peut-être alors...

LE BARON.

Comment les éloigner ?

MOLIÈRE.

Comment !

Inventez quelque chose.

LE BARON.

Oh ! j'y suis. Présidente,
Ne m'avez-vous point dit que vous seriez contente
Si monsieur Pierrotin voulait bien nous chanter
L'air qu'aimait entre tous le feu roi ?

PIERROTIN, *à la Présidente.*

Souhaiter,
C'est ordonner, madame.

LE BARON, *à Dassoucy.*

Et son maître sans doute
L'accompagnera.

DASSOUCY.

Certe !

LE BARON.

Allons, docteur, en route !

Le Baron emmène Dassoucy, Pierrotin et le Docteur vers le château, puis revient offrir la main à la Présidente.

LA MARQUISE.

Monsieur Molière et moi, nous restons ; Pierrotin
A répété pour nous cet air l'autre matin.
Et puis, je crains d'avoir un soupçon de migraine.

LE BARON, *à la Présidente.*

Je vous offre la main. Venez, ma noble reine.

SCÈNE VIII

MOLIÈRE, LA MARQUISE.

MOLIÈRE, *embarrassé.*

Je suis vraiment honteux...

LA MARQUISE.

       Quel souffle a refroidi
Ce cœur qui se montrait, si vite, si hardi ?

MOLIÈRE.

Ce faible cœur n'a pas la force opiniâtre,
Hélas ! d'abandonner sans retour le théâtre.

LA MARQUISE.

A deux, on est plus fort. Pour un danger lointain,
Laisse-t-on le bonheur, vrai, présent et certain ?

MOLIÈRE.

Mais...

LA MARQUISE.

Vous ne m'aimez pas ; on peut tout, quand on aime.

MOLIÈRE.

L'obstacle est grave.

LA MARQUISE.

Est-il invincible ?

MOLIÈRE.

Vous-même,
Vous devez bien sentir qu'à le trop mépriser,
Je ferais ce dont rien ne saurait m'excuser.

LA MARQUISE.

Quand on a si grand'peur d'un mal qu'on exagère,
La prudence me semble à l'amour étrangère ;
Et d'ailleurs, vous, si fier en votre libre instinct,
Pourquoi rester, sans rien qui vous y force, astreint
A cette servitude incessante, suprême,
De divertir les gens pour vivre, quand bien même
Vous n'avez point sujet de rire et qu'ils sont sots ?

MOLIÈRE.

Des sots l'on rit toujours ; presque tous les morceaux
En sont bons.

LA MARQUISE.

Mais cent fois dire les mêmes choses,
Avec des mots, des tons, des gestes et des poses

Identiques, c'est là que je vous comprends peu !
Lorsqu'il faut tous les soirs ressasser l'ancien jeu,
On doit faire assez vite un métier d'automate !

MOLIÈRE.

Et que pensez-vous donc que fasse un diplomate,
En dépit de sa morgue et de son air profond ?
Et qu'est-ce, en vérité, que tous les hommes font ?
Et qu'est-ce que, vous-même, ingénument vous faites ?
Chaque jour, sauf parfois les dimanches et fêtes,
N'est-il pas, à tout prendre, et pour chaque être humain,
Invariablement semblable au lendemain ?
Homme ou femme, marquis ou valet, vieux ou jeune,
Chaque jour on se lève, on s'habille, on déjeune,
On agit comme on a l'habitude d'agir,
On dîne, on soupe, on bâille, et puis, sans réfléchir
Au grand nombre de fois qu'on fit la même chose,
On va se dévêtir, on se couche, on repose.
Et puis, sans changements bien fréquents de décor,
Sans varier beaucoup le thème, c'est encor
Même ordre et même marche ; et le nombre est immense
Des matins et des soirs que ce jeu recommence.
Et l'on ne paraît pas s'en douter. Le cerveau
Semble prendre toujours le vieux pour du nouveau,
Encore que les gens, sans cesse, aient sur la face
Le sourire connu, l'éternelle grimace,
Et vous disent, sans rien de changé dans la voix,
Les mots accoutumés qu'ils vous ont dits cent fois.

LA MARQUISE.

C'est étrange.

MOLIÈRE.

La vie est une comédie,
Moins franche seulement que l'autre, moins hardie,
Et déroulant, avec infiniment moins d'art,
Des rôles mal tracés par l'aveugle hasard.

LA MARQUISE.

Peut-être ! Mais malheur au fou qui s'évertue
A réchauffer le marbre où dort une statue ?

MOLIÈRE.

Le marbre quelquefois s'anime.

LA MARQUISE.

En vérité,
Vous n'aimez rien que vous, n'étant que vanité ;
Et la chimère au loin vous emporte sans trêve.

MOLIÈRE.

Vous l'avez dit, c'est vrai. J'appartiens à mon rêve ;
Et ne s'y point laisser entraîner à son tour,
Ce n'est ni bien m'aimer ni vouloir mon amour.
Me faut-il une belle idole, accoutumée
A voir l'encens monter autour d'elle en fumée,
Et qui, pleine d'orgueil et pleine de péril,
Trône dans son dédain étroit et puéril ?
Il me faut une franche et vaillante compagne,
Ne craignant pas de faire auprès de moi campagne,
Et qui sache tenir haut le miroir vermeil
Qu'emplit la Vérité d'un lever de soleil,
Le miroir sous lequel le faux, l'ombre, la ruse,
Tombent, comme devant la tête de Méduse.

LA MARQUISE.

J'admire et j'applaudis votre élan généreux.
Bravo! Mais pour apprendre aux gens à vivre heureux,
Ne vaudrait-il pas mieux, soi-même, être l'exemple,
Et dans sa propre vie édifier un temple
Au bon goût, au bon sens, aux modestes vertus,
Sur les débris épars des faux dieux abattus?
Les faits prouvent bien plus que les mots.

MOLIÈRE.

C'est logique.
Mais il faut éclairer sa lanterne magique,
Et ne pas maintenir, pour que l'on puisse y voir,
Ce qu'on a de clarté sous un boisseau bien noir.

LA MARQUISE.

Tous vos discours, hélas! ne prouvent qu'une chose,
C'est que vous m'aimez peu.

MOLIÈRE.

Tenez, je vous propose
Un moyen qui doit tout arranger, si vraiment,
Madame, et je n'en puis douter un seul moment,
Vous aimez aussi bien que vous voulez qu'on aime.

LA MARQUISE.

Quel moyen?

MOLIÈRE.

Il résout nettement le problème;
Mais il vous faudra faire un sacrifice, un grand.

LA MARQUISE.

Parlez! Me croyez-vous le cœur indifférent?

MOLIÈRE.

Vous m'avez dit, si ma mémoire ne m'abuse :
« Je prétends, tout de bon, devenir votre muse. »

LA MARQUISE.

Certes !

MOLIÈRE.

Tout de bon ?

LA MARQUISE.

Oui, tout de bon !

MOLIÈRE.

Soyez-la !

Mais sérieusement !

LA MARQUISE.

Qu'entendez-vous par là ?

MOLIÈRE.

Dévouez-vous ; et sans regarder en arrière,
Si vous m'aimez vraiment, adoptez ma carrière !

LA MARQUISE.

Quoi ?

MOLIÈRE.

Rien ne vous défend d'accepter ce moyen ;
Vous êtes libre.

LA MARQUISE.

Et vous, vous êtes un païen.

MOLIÈRE.

Vous ne m'aimez donc plus ?

LA MARQUISE.

Vous voulez que, moi-même,
Je...

MOLIÈRE.

Ne disiez-vous pas qu'on peut tout, quand on aime?

LA MARQUISE.

Mais si l'amour peut tout, il doit de ce pouvoir
User pour s'élever et non pas pour déchoir.

MOLIÈRE.

Quand on a si grand'peur d'un mal qu'on exagère,
La prudence me semble à l'amour étrangère.

LA MARQUISE.

Quelle dérision étrange!...

MOLIÈRE.

En vérité,
Vous n'aimez rien que vous, n'étant que vanité.

LA MARQUISE.

Oh!...

MOLIÈRE.

N'est-ce pas ainsi, madame, qu'il faut dire?

LA MARQUISE.

J'ai le cœur gros de pleurs et vous me faites rire.

MOLIÈRE.

Hélas! je gagne ainsi mon pain quotidien.

LA MARQUISE.

Vous ne serez jamais qu'un franc comédien.

MOLIÈRE.

Si vous ne m'aviez vu jouer la comédie,
Penseriez-vous à moi?

LA MARQUISE.

Je suis une étourdie;
Mais ce que j'aime en vous, est-ce le masque? non,
C'est le visage.

MOLIÈRE.

Bien! mais sauriez-vous mon nom,
M'auriez-vous distingué de la foule servile,
Si vous ne m'aviez vu qu'en costume de ville?

LA MARQUISE.

Mon Dieu!...

MOLIÈRE.

Si j'acceptais, pour être votre époux,
De quitter à jamais la scène, savez-vous
Ce qui m'arriverait? Dès la première année,
Malgré tout mon amour, vous seriez étonnée,
Madame, de sentir le vôtre chaque jour
Décroître, pour bientôt s'éteindre sans retour.

LA MARQUISE.

D'où le concluez-vous, modeste philosophe?

MOLIÈRE.

Je ne me sens pas fait, marquise, de l'étoffe
Dont sont faits les marquis... Mon rire plébéien,
Mes bizarres façons et mon esprit païen,
Vous déconcerteraient trop vite. Mon prestige,

Fleur d'un jour, sécherait tristement sur sa tige ;
Je serais l'instrument dont nul ne sait jouer,
Le vaisseau qu'aucun flot ne vient plus renflouer ;
Partout, à chaque pas, je romprais l'harmonie
Des choses et des gens. « Il se croit du génie,
Dirait-on en riant ; le pauvre homme, il s'en croit ! »
Et votre cœur, pour moi de jour en jour plus froid,
Serait, peut-être bien, de jour en jour plus tendre
Pour le baron.

LA MARQUISE.

Pour qui ?

MOLIÈRE.

Pour le baron Clitandre !
Oh ! que vous avez tort, et grand tort, de ne pas
Vous laisser convertir un peu par les appas
De l'art qui m'est si cher ! Du premier coup, marquise,
Vous seriez, j'en suis sûr, comédienne exquise ;
Et moi, tout en faisant des efforts compliqués,
Je ne jouerais jamais que les marquis manqués.
Le baron est mieux fait pour vous, sur ma parole !

LA MARQUISE.

Par exemple, voilà la chose la plus folle
Que vous m'ayez contée encore !

MOLIÈRE.

Le baron
Vous aime ; et de nous deux c'est lui le bon larron.
Comme il me suppliait, madame, de vous dire
Ce qui, lorsqu'il vous voit, sur ses lèvres expire !

Ce n'est pas Amadis ni le Prince Charmant;
Mais s'il n'est pas tourné comme un parfait amant,
Attentif, élégant, doux, discret et fidèle,
Il a tout ce qu'il faut pour un mari modèle.
C'est à ces choses-là qu'il convient de viser,
Quand ce n'est point pour rire et qu'on doit épouser.

LA MARQUISE.

C'est trop fort.

MOLIÈRE.

Est-ce vrai?

LA MARQUISE.

Mais c'est une gageure.

MOLIÈRE.

Je suis respectueux et grave, je vous jure.

LA MARQUISE.

Ce n'est pas le respect qui vous gêne beaucoup.

MOLIÈRE, *souriant.*

Mais si!

LA MARQUISE, *souriant également.*

L'impertinent!

MOLIÈRE.

Une femme de goût
Ne prend guère l'hymen pour une apothéose.
Vous régnerez chez vous, au moins; c'est quelque chose.

LA MARQUISE.

O sagesse!

MOLIÈRE.

O folie !

LA MARQUISE.

Il faut donc oublier !

MOLIÈRE.

Votre royal dédain ne saurait donc plier !

LA MARQUISE.

Pourquoi tenir si fort à vos marionnettes ?

MOLIÈRE.

Pourquoi les accabler de vos grands airs honnêtes ?

LA MARQUISE.

Pourquoi si rarement le désir suborneur
Par ses sentiers fleuris mène-t-il au bonheur ?

MOLIÈRE.

Pourquoi le ciel fait-il d'une façon si rare
Jaillir le feu sacré du marbre de Carrare ?

LA MARQUISE.

Que vous êtes cruel !

MOLIÈRE.

Fallait-il vous tromper ?

LA MARQUISE.

Il fallait fuir, au lieu de vous émanciper.
Adieu mon rêve !

MOLIÈRE.

Adieu ma trop brève démence !
Le songe va finir, quand à peine il commence.

LA MARQUISE.

Je devrais vous haïr; pourquoi donc près de vous
N'ai-je senti jamais un abandon si doux?
Je ne le comprends pas, et mon cœur me l'atteste.

MOLIÈRE.

C'est que, si le mari disparaît, l'amant reste;
Mais bientôt, à son tour, l'amant devra partir.

LA MARQUISE.

Vous raillerez, je crois, jusqu'au dernier soupir.

SCÈNE IX

LES MÊMES, DASSOUCY, PIERROTIN, LE BA-
RON, LE DOCTEUR, LA PRÉSIDENTE, *puis*
LANGOUMOIS.

LE DOCTEUR, *montrant Pierrotin.*

Il est incorrigible.

DASSOUCY.

Il est indécrottable.

LE DOCTEUR.

Près de la Présidente, il s'est remis à table
Après avoir chanté son air; puis le serpent,
D'un petit ton câlin, hypocrite et rampant,
A dit à sa voisine...

MOLIÈRE.

Eh! qu'a-t-il pu lui dire?

DASSOUCY.

Il a dit doucement, avec un pur sourire,
Qu'il professait pour elle une admiration
Sans borne; que c'était presque une passion;
Qu'il serait bien heureux d'entrer à son service
Comme page, et ferait alors le sacrifice
De m'abandonner, moi, Dassoucy; qu'il fallait
Ne pas s'imaginer que le baron voulait
L'épouser, le baron adorant la marquise...

LA MARQUISE.

Mais, baron, pour qu'ainsi tout le monde le dise,
Il faut que le propos soit vrai.

LE BARON.

Je meurs d'amour.

LA MARQUISE.

Vous auriez dû parler et faire votre cour;
Qui vous en détournait?

LE BARON.

Hélas! mon amour même.
J'avais le cœur empli d'une angoisse suprême,
Et...

LA MARQUISE.

Vous mériteriez une punition
Sévère, avant d'avoir mon absolution.
Je vous fais grâce.

LE BARON.

Alors ?...

LA MARQUISE.

Nous verrons.

PIERROTIN, *à la Présidente, à l'écart.*

J'ai dans l'âme
Des trésors inconnus.

LA PRÉSIDENTE, *à part.*

Cher enfant! Quelle flamme,
Quel beau regard limpide et quel front radieux!

MOLIÈRE, *à la Marquise, après avoir écouté Langoumois qui
est venu lui parler bas.*

Madame, nous devons vous faire nos adieux.
Nous n'avons que le temps de regagner la ville,
Pour ne point retarder de façon incivile
La dernière de nos représentations.

LA MARQUISE.

Ne partez pas si vite. Il faut que nous causions.
L'heure ne presse pas.

MOLIÈRE.

Pardonnez, l'heure presse.
Préparez-vous, messieurs. Baron, point de paresse!
Vous nous accompagnez, n'est-ce pas?

Bas, à Dassoucy, en lui montrant la Marquise.

Laissez-nous!

*Puis, bas à la Marquise, tandis que Dassoucy manœuvre de
façon à écarter tous les autres personnages.*

Que ne puis-je rester encore à vos genoux,
Pour que mon pauvre cœur amoureux vous désarme,
Et pour que cette main, si quelque folle larme
Vient à mes yeux, l'essuie, hélas ! tout doucement !

LA MARQUISE, *vite et bas.*

Nous ne pouvons plus rien nous dire en ce moment ;
Partez. Mais revenez ce soir. Oui, c'est facile ;
Le château, par bonheur, n'est pas loin de la ville.
Voici la clef du parc.

MOLIÈRE.

Marquise !...

LA MARQUISE, *lui glissant la clef dans la main.*

Chut ! Tenez,
Et prenez garde aux yeux qui vers nous sont tournés.
Nous nous retrouverons au bout de la terrasse,
A minuit.

Elle rentre dans le château.

LE BARON, *allant à Molière.*

Permettez qu'enfin je vous embrasse !
Vous me sauvez la vie.

Il veut l'embrasser.

MOLIÈRE, *se refusant à cette embrassade.*

Excusez-moi !

LE BARON, *revenant à la charge.*

Comment
Vous prouver mon entier, mon parfait dévoûment ?

MOLIÈRE, *se dégageant.*

En ne m'étouffant pas.

LA MARQUISE, *reparaissant au seuil du château.*

Adieu!

LE BARON.

Je la devine;
Elle couronnera ma flamme.

MOLIÈRE, *à part, regardant tour à tour la Marquise et
la petite clef du parc.*

Elle est divine!
O petite clef d'or du paradis vermeil,
Que vous me tentez!... Bah! la nuit porte conseil.

La Soubrette de Molière

A-PROPOS EN VERS

DIT PAR MADAME MARIE KOLB

*au théâtre national de l'Odéon, le 15 janvier 1897,
pour le 275ᵉ anniversaire de Molière.*

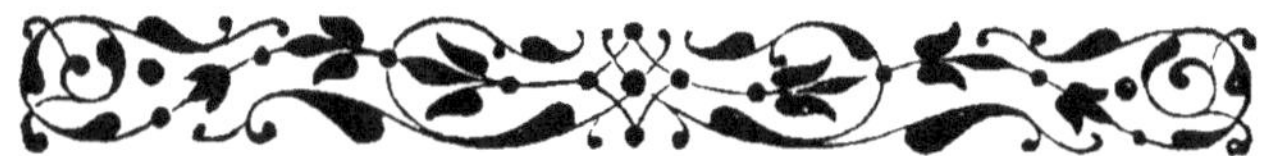

La Soubrette de Molière

A Paul Ginisty.

*Sous le costume de Toinette du Malade imaginaire, la Soubrette se dé-
tache du groupe formé par les comédiens autour du buste de Molière,
s'avance vers le public et lui fait sa révérence habituelle.*

Mesdames et Messieurs, je suis votre servante.
Quoique manquant d'usage et point du tout savante,
C'est moi qui viens, malgré mon accent roturier,
A Molière, ce soir, offrir le vert laurier.
Moi-même !

     Nouvelle révérence.

     On trouvera d'abord, je le soupçonne,
Que c'est beaucoup d'honneur pour mon humble personne.
Bah ! je parlerai franc, sans faire d'embarras,
Et le buste, je crois, ne se fâchera pas.
Telle que me voilà devant vous, sur les planches,
Si modeste que soit mon casaquin sans manches,
Ne suis-je pas, d'ailleurs, un peu plus, un peu mieux
Qu'une simple mortelle ? Il fut pareil aux dieux,

Celui qui me créa pour vous mettre en liesse,
Et parfois je me sens presque demi-déesse !
Un beau jour, au milieu d'un chef-d'œuvre nouveau,
Il me fit, en riant, jaillir de son cerveau,
Pallas du tablier, Minerve minuscule,
Brave, alerte, prompte à railler le ridicule,
Aux méchants comme aux sots m'attaquant sans délai,
Et pour arme portant mon bon manche à balai.

Depuis lors, entre cour et jardin, je trottine
Dans mes deux fonctions, dont l'une est clandestine,
Car tour à tour, avec le même soin dévot,
Je porte les poulets et cuis la poule au pot.
On se lèche les doigts des plats que je fricote.
J'y mets quelque gros sel, oui ! mais n'étant point sotte,
Je sais, quand j'ai calmé l'appétit du fretin,
D'un grain de sel attique honorer le festin.
Si fin goût toutefois qu'on trouve aux friandises,
Que les douceurs du cœur sont autrement exquises !
Pour tenir sous le charme et la ville et la cour,
Le héros que Molière exalte, c'est l'Amour.
Au fond de sa fertile et libre fantaisie,
L'Amour, portant au sein la fleur de poésie,
Apparaît, jeune, pur, et malgré les grimauds,
Malgré les instincts bas aux masques d'animaux,
Malgré les passions, les travers et les vices,
Au-dessus d'eux, trop haut pour leurs vains artifices,
Dans un rayonnement de généreuse ardeur,
A côté de Psyché passe en triomphateur.

Si je n'étais pas là, ces grands enfants, sans doute,
Pourraient bien s'égarer; je leur montre la route.
Je suis, dès qu'il convient, leur Mentor en jupon;
C'est moi qui les défends du jaloux, du fripon,
Des vieilles gens perdus d'égoïste folie;
Et quand ils sont brouillés, je les réconcilie.
Cela, qu'on soit tranquille, en tout bien, tout honneur:
Paix au mari futur, mais guerre au suborneur!
Avant le conjungo, quoi que chante le sire,
Je ne lui permets rien, les soirs que l'on veut rire;
Et si j'ai par moments l'air fort expéditif,
Lorsque je m'entremets c'est pour le bon motif.

Où j'ai trouvé le pain, le gîte, où l'on m'habille,
Volontiers je me crois un peu de la famille.
Je tarabuste Argan dans son propre intérêt;
Je ne crains même pas de jouer du fleuret,
Sitôt qu'imprudemment monsieur Jourdain m'en somme,
Et je pousse une botte au Bourgeois Gentilhomme.
Parfois, quand au logis on n'a plus sa raison,
Mon bon sens dégourdi sauve à temps la maison.
C'est fort, le dévoûment fidèle! Dans la vie,
Je vais droit mon chemin, sans haine, sans envie,
Sans paresse; et, ma foi! devant votre Institut
Je pourrais concourir pour un prix de vertu.

Tartuffe et Trissotin me mettent en colère.
Par un instinct natif, ayant bon nez, je flaire
Les gueux, les aigrefins et les cerveaux gâtés.
Sans trêve, je combats à coups de vérités

Le fat devant lequel un chacun s'extasie,
Les faux dévots, les faux savants, l'hypocrisie,
Les titres vains, l'argent aux sordides laideurs,
Et tous les imposteurs et tous les exploiteurs.
Je suis l'esprit du peuple avec un cœur de femme.
Le mal qu'on fait m'émeut, moi! Dans ma petite âme
Palpite un brin du grand héroïsme français.
Sage et saine, mais sans aller jusqu'à l'excès,
Sans épaisses lourdeurs ni prétentions mièvres,
J'ai naturellement la gaîté sur les lèvres,
Je ris; et plus flambant que les coquelicots,
Autour de moi, mon rire éclate en mille échos;
Il pétille, il rayonne ainsi qu'un feu de joie;
Il fait fuir les larrons et les oiseaux de proie,
Il évoque au ciel bleu l'aurore, le printemps;
Et je ris, et je ris de mes trente-deux dents;
Et l'Espoir, endormi dans l'ombre, se réveille
A ce jaillissement d'allégresse vermeille.

Laissez-moi faire! Allez, vous aurez beau chercher
Parmi la fine fleur du théâtre étranger,
Ma pareille ne s'y trouve pas, je m'en vante.
Mesdames et messieurs, je suis votre servante...

Révérence écourtée.

Et pour Molière au moins, sinon pour mes beaux yeux,
Vous pouvez applaudir, mesdames et messieurs.

Dernière révérence. Laurier à Molière.

Molière à Auteuil

COMÉDIE EN UN ACTE

EN VERS

*Représentée pour la première fois à Paris, sur le théâtre national de l'Odéon,
le 15 janvier 1876.*

EN COLLABORATION AVEC LÉON VALADE

MOLIÈRE, quarante-cinq ans. . . . . . MM. POREL.

CHAPELLE, quarante ans. . . . . . . FRANÇOIS.

ARMAND. . . . . AMAURY.

MAROTTE BEAUPRÉ. . . . . Mmes LÉONIDE LEBLANC.

LAFOREST, servante de Molière. . . . CROSNIER.

Molière à Auteuil

Le jardin de Molière à Auteuil, devant la maison. Tonnelle, table et
chaises. Sur la table, des livres, des cahiers, une tasse de lait.

SCÈNE PREMIÈRE

MOLIÈRE, LAFOREST.

LAFOREST, *paraissant sur le pas de la porte de la maison.*
Monsieur Molière!

MOLIÈRE, *assis et travaillant.*
Eh bien! qu'est-ce encor, Laforest?
Qu'arrive-t-il?

LAFOREST.
Monsieur, c'est quelqu'un qui voudrait
Vous parler, un jeune homme. Il insiste.

MOLIÈRE.

                              N'importe !
Ne t'avais-je pas dit de défendre ma porte ?

LAFOREST.

C'est vrai.

MOLIÈRE.

      N'avais-je pas demandé, par deux fois,
Que l'on me laissât seul ? Je travaille, tu vois ;
Et là-bas, au théâtre, on attend notre ouvrage.

LAFOREST.

Bah !

MOLIÈRE.

      Ces comédiens, un rien les décourage.
Depuis que Scaramouche, avec son perroquet,
Sa guitare, son chat, son singe, son roquet,
Est revenu montrer son nez blanc de farine,
Toute ma compagnie a peur de la ruine.
Ils jettent les hauts cris, il leur faut du nouveau ;
Il faut que je me creuse en hâte le cerveau
Et que je trouve, encor malade et d'humeur triste,
De quoi faire oublier le bouffon guitariste.
— Dis que je n'y suis pas. Il a mal pris son jour.

LAFOREST.

Il a l'air bien honnête.

MOLIÈRE.

      Il t'a donc fait la cour ?
Ah ! tu te laisses prendre aux gens de belle mine.

LAFOREST.

Dame ! s'il vient des gens, moi, je les examine.

MOLIÈRE.

Examine-les, soit ! Pour moi...

LAFOREST.

Si j'avais su !

MOLIÈRE

M'aurais-tu dérangé, s'il eût été bossu ?

LAFOREST.

Il vous aurait fait rire. Ils sont rares, en somme,
Les jours où vous riez !

MOLIÈRE.

Fais entrer ce jeune homme ;
Mais une autre fois...

LAFOREST.

Bien. J'y vais.

SCÈNE II

MOLIÈRE, MAROTTE, LAFOREST.

MAROTTE.

Bonjour. C'est moi.
Quel est donc ce monsieur, très timide, ma foi ?
Je l'ai vu quelque part. Tant pis ! il peut attendre.

MOLIÈRE.

Oui! quoique à son égard Laforest soit fort tendre.

LAFOREST.

Oh, ne l'écoutez pas!

MAROTTE, *à Laforest.*

Ton goût n'est pas mauvais.

LAFOREST.

Vous raillez? Trouvez donc des amoureux mieux faits.

MAROTTE.

Ils sont trouvés. Je n'ai qu'à choisir.

MOLIÈRE.

Reste sage.

LAFOREST.

Épousent-ils?

MAROTTE.

Peut-être.

LAFOREST.

A quand le mariage?

MAROTTE.

A quand? Il se pourrait qu'il eût lieu bien plus tôt
Que vous ne le pensez.

MOLIÈRE.

Ah!

LAFOREST.

Le pauvre homme!

MOLIÈRE.

Il faut
Nous raconter cela. Parle vite, Marotte.

LAFOREST.

Est-il brun, est-il blond, est-il rouge-carotte ?

MOLIÈRE.

Quel est l'heureux mortel digne d'être honoré
Du vertueux amour de Marotte Beaupré ?

LAFOREST.

Il est peut-être chauve ?

MAROTTE.

A peine !

MOLIÈRE, *à Laforest.*

Elle plaisante.

MAROTTE.

Croyez-vous le théâtre une chose amusante ?

MOLIÈRE.

Oui, pour les spectateurs, certains soirs.

MAROTTE.

Et pour moi ?

MOLIÈRE.

Pour toi ! Je n'en sais rien. Je ne vois pas en quoi
Le théâtre te nuit.

MAROTTE.

Et moi, je viens vous dire
Que j'en ai mon content, et que je m'en retire.

11.

MOLIÈRE.

Mais que t'avons-nous fait ?

MAROTTE.

Oh ! rien. Que de bon temps !
Quel agréable emploi de mes pauvres vingt ans !
Tout le jour on répète et tout le soir on joue ;
La fièvre allume l'œil, le fard fleurit la joue ;
On a de beaux galants, de grands biens au soleil ;
Et pour couronner tout, le respect non pareil
Des femmes de la cour et des bourgeoises prudes.
Mais c'est assez railler. Vos plaisirs sont trop rudes.
Me rendez-vous justice au moins ? J'ai sur les bras
Les rôles effacés et les rôles ingrats.
A peine ai-je à lancer parfois quelques mots drôles ;
Et d'autres ont toujours les longs et les beaux rôles,
D'autres dont on pourrait, sans trop de vanité,
Égaler le bien dire et même la beauté.

MOLIÈRE.

Jalouse !

MAROTTE.

Je le suis et j'ai sujet de l'être.

MOLIÈRE.

Ainsi, c'est sérieux.

MAROTTE.

Très sérieux, mon maître.

MOLIÈRE.

Je tremble, Laforest. Marotte, le sais-tu,

Est un vrai spadassin. Cet ange s'est battu
A l'épée, en duel. Elle a tiré flamberge
Comme un vieux capitan.

LAFOREST.

Contre qui, Sainte Vierge!

MOLIÈRE.

Contre la des Urlis, sa rivale. Tu ris?

LAFOREST.

Quoi! deux femmes?...

MOLIÈRE.

Valant deux mousquetaires gris.

LAFOREST.

Mais comment le combat?...

MOLIÈRE.

Oh! sois tranquille. En somme,
Tout cela, tu comprends, a fini sans mort d'homme.

MAROTTE.

Moquez-vous, c'est aisé; mais pouvais-je gaîment
Me laisser affubler d'un niais pour amant
Par une sotte? non! Si j'eusse été de celles
Dont le cœur flambe et saute aux moindres étincelles,
Quelque beau ferrailleur pour moi se fût battu,
Et m'eût sauvé l'honneur, m'ayant pris la vertu.
Elle avait dix vengeurs, moi pas un. Avec elle,
Seule à seule, j'ai dû vider cette querelle,
Loyalement d'ailleurs et sans autre dessein
Que de lui balafrer le visage ou le sein

Et de montrer à tous comment à coups d'aiguille
Peut se faire au besoin respecter une fille.

MOLIÈRE.

Qui viens-tu provoquer en duel aujourd'hui,
Marotte ?

MAROTTE.

Moquez-vous !

MOLIÈRE.

Tu m'en veux beaucoup ?

MAROTTE.

Oui.

MOLIÈRE.

Et la chaude rougeur des roses te colore.

LAFOREST.

Gare aux épines !

MAROTTE.

C'est...

MOLIÈRE.

C'est le rôle d'Aglaure
Qui te met en courroux ?

MAROTTE.

Juste !

MOLIÈRE.

J'en suis fâché.

MAROTTE.

Non, je ne jouerai pas Aglaure dans *Psyché*.

MOLIÈRE.

Tu ne pourrais jouer l'Amour, enfant terrible.

MAROTTE.

Je veux jouer Vénus.

LAFOREST, *riant.*

Vénus!

MAROTTE.

C'est donc risible?

MOLIÈRE.

Mais le rôle est donné.

MAROTTE.

Vous le reprendrez bien.

MOLIÈRE.

Oh! je ne puis.

MAROTTE.

Pourquoi? De Brie a-t-elle rien
De ce qu'il faut pour faire une Vénus complète?
Elle a la grâce maigre et sèche d'un squelette.

MOLIÈRE.

Sois raisonnable.

MAROTTE.

Et vous, soyez juste.

MOLIÈRE.

D'honneur,
Je te promets, Marotte, un rôle plus flatteur
Dans la prochaine pièce. Allons, point de chicane!

MAROTTE.

Plus flatteur que celui de Vénus?

MOLIÈRE.

Oui, Diane.

MAROTTE.

C'est Vénus que je veux.

MOLIÈRE.

Non pas!

MAROTTE.

C'était fatal.
Je sais fort bien pourquoi vous êtes partial;
Faites-la donc briller, votre déesse étique!
Je m'en vais du théâtre.

LAFOREST.

O la bonne pratique!
Et quel rôle aurez-vous dans le monde?

MAROTTE.

Lequel?
Eh bien! je me marie.

LAFOREST.

Ouf! encore un duel!

MOLIÈRE.

Tu penses tout de bon à te marier?

MAROTTE.

Certes,
Tout de bon.

LAFOREST.

Qui donc aime ainsi les pommes vertes?

MAROTTE.

Trop vertes pour beaucoup de galants, Laforest!

LAFOREST.

Le mariage est-il d'amour ou d'intérêt?

MAROTTE.

Les deux y sont.

LAFOREST.

L'époux est-il homme d'épée,
Homme de robe?

MAROTTE.

Il est de famille huppée.

LAFOREST.

C'est un financier?

MAROTTE.

Oui.

MOLIÈRE.

Qui donc? Suis-je indiscret?

MAROTTE.

Mais non. Dorénavant, à quoi bon le secret?
C'est simplement monsieur de la Dodelinière.

MOLIÈRE.

Mon voisin d'Auteuil?

MAROTTE.

Lui.

MOLIÈRE.

Tu peux en être fière.
C'est un homme agréable.

LAFOREST.

Et très mûr!

MAROTTE.

Moins que vous!

LAFOREST.

A-t-il fait long séjour à l'hôpital des fous?

MAROTTE.

Autant que toi, tout juste, à l'hôpital des folles.

MOLIÈRE.

Trêve de compliments et de douces paroles!

LAFOREST.

Il vous adore donc?

MAROTTE.

Si Molière voulait!...

MOLIÈRE.

N'en parlons plus.

MAROTTE.

Alors, c'est fini. Tiens!... du lait!
Je meurs de soif. Je bois. Apporte une autre tasse,
Laforest.

LAFOREST.

Fi! le chat! Mais, mon Dieu! le temps passe,
Et ce pauvre jeune homme attend toujours là-bas.

MAROTTE.

Dis-lui donc de venir.

Laforest sort. A Molière.

Je ne vous gêne pas?

MOLIÈRE.

Non.

MAROTTE.

Je reste un instant. Je connais la figure
De votre visiteur.

MOLIÈRE.

Ah! vraiment?

MAROTTE.

Je suis sûre...

MOLIÈRE.

Chut! Il vient.

SCÈNE III

MOLIÈRE, ARMAND, MAROTTE, LAFOREST.

ARMAND, *à part, apercevant Marotte.*

Elle est là!

LAFOREST.

Qu'est-ce? Vous pâlissez!

ARMAND.

Moi ? Non, non, ce n'est rien.

LAFOREST.

Avez-vous peur ? Chassez
Cette crainte bien vite. Allez, c'est un bon homme,
Encore qu'en tous lieux, monsieur, on le renomme,
Et qu'il soit plus connu qu'aucun auteur ancien.
Il ne me fait pas peur à moi, vous voyez bien.

ARMAND, *à part.*

C'est elle. Du courage !

LAFOREST, *à part.*

Oui-da ! mais suis-je sotte ?
On dirait qu'il en veut à la belle Marotte.
Ah bah ! tant pis pour lui !... Quel singulier émoi !

Laforest sort en observant le manège du jeune homme.

MAROTTE, *à Armand.*

J'ai pris le pas sur vous, monsieur ; excusez-moi.
J'ai terminé, je pars. Mais je crois vous connaître.
Où vous ai-je pu voir ?

ARMAND.

Au théâtre, peut-être.

MAROTTE.

C'est probable.

ARMAND.

J'y vais souvent.

MAROTTE, *buvant à l'improviste la tasse de lait que rapporte Laforest.*

Molière, il est
Bien meilleur que celui de Paris, votre lait.

Elle s'enfuit en riant, suivie de Laforest qui hausse les épaules.

SCÈNE IV

MOLIÈRE, ARMAND.

ARMAND, *embarrassé.*

Monsieur...

MOLIÈRE.

Remettez-vous. Marotte est une folle
Qui vient faire la nique à son maître d'école.

ARMAND, *présentant une lettre.*

Cette lettre...

MOLIÈRE, *prenant et ouvrant la lettre.*

Voyons. C'est un mot de Fourcroy...
Il est votre parent, vous recommande à moi
Chaudement, mais sans rien qui soit bien explicite
Sur le motif que peut avoir votre visite.

ARMAND.

Je vous ai dérangé?...

MOLIÈRE.

Non pas. Je suis jaloux,
Monsieur, de vous servir. Que puis-je donc pour vous ?

ARMAND.

M'ouvrir votre théâtre.

MOLIÈRE.

Ah ! vous êtes poëte ?

ARMAND.

Non, je... Mais ma prière est sans doute indiscrète.

MOLIÈRE.

Je n'en crois rien, monsieur ; parlez sans crainte.

ARMAND.

Eh bien,
Je voudrais... je voudrais... être comédien !

MOLIÈRE.

Vous !... Où donc avez-vous joué la comédie ?

ARMAND.

Je n'ai pas débuté.

MOLIÈRE.

La démarche est hardie.

ARMAND.

Je le sais.

MOLIÈRE.

Savez-vous le sort qui vous attend ?

ARMAND.

Qui voit dans l'avenir ?

MOLIÈRE.

O jeunesse!...

ARMAND.

Pourtant...

MOLIÈRE.

Ah! si vous connaissiez ce qui vous fait envie!
Mais il faut avant tout me dire votre vie,
Votre état, vos parents?... Je vous suis tout acquis :
Vous n'êtes pas traitant, médecin, ni marquis?

ARMAND.

Mon père est avocat au Parlement.

MOLIÈRE.

Je gage
Qu'il ne soupçonne pas votre petit voyage
Du Palais de Justice à mon jardin d'Auteuil.

ARMAND.

De sa profession, oui, mon père a l'orgueil.
Il veut... Mais c'est plus fort que ma volonté même!
Et tout en respectant mon père autant qu'il m'aime,
Je sens que le barreau n'est pas mon fait; je sens
Que je saurais très mal changer en innocents
Les gens dont la vertu me paraîtrait flétrie.
Puis j'aime le théâtre avec idolâtrie.

MOLIÈRE.

Ah!

ARMAND.

Tout enfant, souvent je récitais des vers;

On m'admirait. Plus tard on a dit : « Quel travers! »
Mais j'ai continué, quoi que l'on ait pu dire.
Plus on me trouvait fou, plus j'aimais mon délire.
Avec quelques amis je m'échappe souvent
Et nous jouons devant les badauds, en plein vent,
Non sans succès. Je puis vous déclamer, du reste,
Pour ne pas vous sembler trop fier ni trop modeste,
Des vers, à votre choix nobles ou familiers ?

MOLIÈRE.

Je refuse.

ARMAND.

Pourquoi ?

MOLIÈRE.

De peur que vous n'alliez
Vous méprendre, et confondre un conseil nécessaire
Avec l'arrêt poli d'un juge trop sincère.

ARMAND.

Ainsi vous me jugez sans m'avoir entendu ?

MOLIÈRE.

Mon Dieu! je sais le goût qu'a le fruit défendu;
Je veux vous épargner sa fatale amertume,
S'il en est temps encor.

ARMAND.

Ce n'est pas ma coutume
De reculer devant la peine et le danger.
J'aurais peur, quand les grands savent envisager
La guerre et ses périls sans alarme vulgaire!

MOLIÈRE.

Faites-vous donc soldat...

ARMAND.

Triste métier, la guerre !

MOLIÈRE.

Mais comédien, non, monsieur !

ARMAND.

Et pourquoi non ?
Les sifflets sont-ils plus méchants que le canon ?
On en revient.

MOLIÈRE.

Qui sait ?

ARMAND.

Le péril même invite.

MOLIÈRE.

Mais la décision que vous prenez si vite,
En avez-vous prévu les conséquences ?

ARMAND.

Oui.
Oh ! je n'y songe pas seulement d'aujourd'hui.

MOLIÈRE.

D'abord, vous vous brouillez net avec votre père.

ARMAND.

D'abord, il se plaindra ; mais pas longtemps, j'espère.

MOLIÈRE.

Vous m'avez dit qu'il a l'orgueil de son métier.

ARMAND.

Mais il est bon, malgré son caractère altier.

MOLIÈRE.

Vous ruinez d'un coup sa plus chère espérance.

ARMAND.

Faut-il sacrifier la mienne?

MOLIÈRE.

          Sa souffrance
Se mêlera de honte; et s'il n'est esprit fort,
Il rougira de vous.

ARMAND.

          N'aura-t-il pas grand tort?

MOLIÈRE.

Oui, mais ses préjugés sont ceux de tout le monde,
Et la racine en est dans les cœurs trop profonde
Pour qu'on en ait, hélas! de très longtemps raison.
Il pourra, pensez-y, vous fermer sa maison;
Et si, vieillissant vite, avant l'heure il succombe,
Vous aurez des remords, peut-être, sur sa tombe.

ARMAND.

Ce que vous avez fait, cependant, montre assez...

MOLIÈRE.

L'aurais-je fait, sachant ce qu'aujourd'hui je sais?

ARMAND.

Le succès, j'en suis sûr, désarmera mon père.

MOLIÈRE.

A moins qu'il n'en gémisse et ne s'en exaspère.

ARMAND.

Non, cela ne se peut; non, je réussirai;
S'il me voit applaudi, s'il me voit admiré,
Il me pardonnera. Puis ma mère est si bonne!
Pour elle, il faudra bien qu'un jour il me pardonne.
Si vous la connaissiez!

MOLIÈRE.

Je n'avais pas dix ans,
Quand je perdis la mienne.

ARMAND.

Ah!

MOLIÈRE.

Ses yeux caressants
M'auraient peut-être bien retenu... Moins amère
Eût été l'existence, alors! Mais votre mère,
Dites, n'a-t-elle pas l'esprit religieux?

ARMAND.

Oh, si!

MOLIÈRE.

Pensez aux pleurs qui mouilleront ses yeux.

ARMAND.

Que vous êtes cruel!

MOLIÈRE.

Moins cruel que la vie!
Allez! l'illusion trop souvent est suivie

D'incurables chagrins et d'éternels regrets.
Êtes-vous fils unique?

ARMAND.

Oui.

MOLIÈRE.

     Restez donc auprès
De vos parents! Ils ont l'estime de la ville;
Le bonheur avec eux est certain et facile.
D'eux et de vous pourquoi vous faire le bourreau?
Travaillez, devenez éloquent. Le barreau
A ses succès, qui sont plus prisés que les nôtres.
Vivez pour vous, au lieu de vivre pour les autres;
Et puisque vous avez bons parents et du bien,
N'allez pas, mon ami, faire comme le chien
De ce cher La Fontaine, un chien fou qui se noie,
En lâchant, pour courir après l'ombre, la proie.

ARMAND.

Au lieu du *Médecin,* voulez-vous aujourd'hui
Improviser en moi *l'Avocat malgré lui?*

MOLIÈRE.

Vous avez trop d'esprit pour ne pas me comprendre.

ARMAND.

Je vous comprends fort bien, mais je ne puis me rendre.
Ai-je pour la chicane une vocation?
Non, plaider ne sera jamais ma passion;
Et vraiment les plaideurs ne sont bons, quoi qu'on die,
Que si monsieur Racine en fait la comédie.

Entrer dans votre troupe est-il si hasardeux ?
J'avais une famille ; eh bien, j'en aurai deux !

MOLIÈRE.

Vous n'en aurez pas deux ; vous n'en aurez aucune.
Ceux qui vous entouraient vous garderont rancune,
Et les gens qui prendront leur place autour de vous,
Seront peu complaisants, surtout s'ils sont jaloux.
Vous êtes jeune encore, et la Fortune blonde
Vous a toujours souri dans tous les yeux du monde ;
Sauf quelques mots surpris et quelques livres lus,
Vous ignorez la vie et la scène encor plus ;
Et vous ne savez pas vers quels naufrages roule
Qui s'expose en aveugle au grand flux de la foule.

ARMAND.

Ah !...

MOLIÈRE.

        Je suis devant vous, là, comme un vieux forban
Qui sur toutes les mers a tâté l'ouragan,
Et refuse d'admettre en son rude équipage
Un citadin naïf et joli comme un page.
Il lui dit : « C'est terrible ! » Et le page répond
Qu'il a souvent vu l'eau... qui coule sous le pont,
Qu'il connaît l'océan... d'après une peinture,
Et n'a pas mal au cœur... quand il monte en voiture.

ARMAND.

Mais tel bon matelot put choir au premier pas ;
Les marins nés sur mer sont rares, n'est-ce pas ?

MOLIÈRE, *souriant.*

Il faut discrètement user des métaphores.
Laissons-les aux pédants, à ces rhéteurs sonores
Dont je me suis moqué. Parlons plus simplement.
Je vous veux exposer sans le moindre ornement,
Toute nue, au grand jour, la vérité, la vraie,
Celle qui rit afin d'en oublier sa plaie.

ARMAND.

Le théâtre est-il donc un enfer?

MOLIÈRE.

　　　　　　　　　　Oh! je dis
Tout bonnement qu'il est loin d'être un paradis.
Ce n'est qu'un vain décor, des voix et des costumes,
Le tout entremêlé de rimes et de plumes,
Ayant un lumignon pour astre, ayant pour fleur
La rhétorique, et pour providence un souffleur.
Le reste est dans l'esprit du parterre et des loges;
Et marquis à rubans, écoliers de Limoges,
Gens des halles, bourgeois des quais ou du Pont-Neuf,
Campagnards au cerveau lourd et lent comme un bœuf,
Pour peu que ces gens-là soient sots ou soient fantasques,
Ont le droit de chuter et de huer les masques!
Pour leur argent, il faut les servir vite et bien.
Êtes-vous las? Tant pis! cela ne leur fait rien :
Vous devez être agile. Avez-vous la migraine?
Il faut être pour eux bien portant sur la scène.
Avez-vous la douleur et le deuil dans le cœur?
Qu'importe? Allons, prenez un petit air moqueur,
Et riez franchement, et faites-les tous rire!

Sinon clameurs, sifflets, peut-être un destin pire.
Parfois, si c'est écrit dans le rôle du soir,
C'est son propre chagrin, son propre désespoir
Qu'il faut rendre grotesque aux yeux de l'assistance.
On le sait dans la salle, on en sourit d'avance;
La gazette en médit, et pour les courtisans
Les beaux esprits en font de petits vers plaisants.

ARMAND.

Je...

MOLIÈRE.

Vous doutez, monsieur? C'est en vainqueur, en maître,
Que le comédien a dû vous apparaître;
Mais il laisse son rôle en sortant du décor
Et revient chaque soir plus las, plus triste encor.

ARMAND.

Quoi! si triste et si las?

MOLIÈRE.

C'est ainsi que nous sommes.
Rien au fond n'est moins gai que d'égayer les hommes.
Dominique, ce fou, cet Arlequin vanté,
Il a l'esprit si noir qu'il en perd la santé.
L'autre jour, il consulte un moderne Esculape.
On le tâte, on le tourne, on le palpe, on le tape,
On regarde sa langue. — « Oh! oh! dit le docteur,
C'est de l'hypocondrie, un mal persécuteur.
Il est à votre cas un remède, l'unique :
Allez voir Arlequin. — Alors, fit Dominique,
Je suis mort. Arlequin, c'est moi. »

12.

ARMAND.

Pauvre Arlequin !

Mais s'il est bilieux, on peut être sanguin ;
Et tout comédien n'est pas aussi funèbre.

MOLIÈRE.

Celui dont je vous parle, entre tous est célèbre.

ARMAND.

Mais vous cependant, vous !...

MOLIÈRE.

Vous êtes un enfant.
Ah ! vous parlez de moi ! j'ai donc l'air triomphant ?

ARMAND.

Du bien qu'on sait de vous, que sert de vous défendre ?
C'est vous surtout, c'est vous qui m'avez fait comprendre
La force et la grandeur de cet art souverain,
Dont vous me détournez avec tant de dédain.
Je vous vis sur la scène, et crois vous voir encore.
Vous arrivez, front haut, regard clair, voix sonore ;
Tout se tait. Du parterre aux dernières hauteurs,
La salle est devant vous pleine de spectateurs ;
Seul, vous êtes debout. Vous parlez : c'est Alceste !
Et tandis que les mots s'envolent, votre geste,
Ample et puissant, paraît, sur le peuple assemblé,
Éparpiller le vrai, comme un semeur le blé.

MOLIÈRE.

Oh ! de grâce, monsieur, cessez la flatterie.

ARMAND.

Mais je ne flatte point!

MOLIÈRE.

Cessez, je vous en prie.
C'est que, pardonnez-moi, j'ai peur des compliments :
Ce sont lettres de change en mots des plus charmants;
Et j'en accepte peu, de crainte que je n'aie
Rien pour les rembourser que mauvaise monnaie.
Vous me nommez Alceste aussi; tant pis pour vous!

ARMAND.

Alceste aux gens de cœur préfère-t-il les loups?
Tout au théâtre est-il décor vain, masque vide?
Non, non; la Vérité rayonnante et lucide
Y couronne de fleurs son miroir enchanté,
Et le bon sens y rit d'embrasser la beauté.

MOLIÈRE.

Mais le comédien, qu'est-ce? Un bouffon qu'on siffle,
Un esclave à tout faire, une figure à gifle,
A coups de pied, que sais-je? un bandit, un glouton.
Un jour j'étais mourant. « Il a bu! » cria-t-on.

ARMAND.

Ah! quelle indignité!

MOLIÈRE.

Vous en verriez bien d'autres,
Si vous deviez jamais, monsieur, être des nôtres.

ARMAND.

Mais pour vous, l'amitié des grands...

MOLIÈRE.

                              Belle amitié,
Qui vous prendra la vie ou l'honneur sans pitié!

ARMAND.

L'honneur!

MOLIÈRE.

              Ah! songez-y, c'est surtout quand on aime,
Que le bonheur chez nous est un triste problème.
Oui, vous profiterez de plus d'un fol amour,
Sans doute! Entendez-moi: purs caprices d'un jour!
Non pas vous, je dis mal, mais votre personnage.
Puis, quand vous serez las de ce libertinage,
Quelle est la chaste fille aux yeux profonds et doux
Que ses parents voudront marier avec vous?
Mais ce sera bien pis, si votre cœur malade
S'éprend, sans y songer, de quelque camarade.
Une comédienne!... Ah! gardez-vous-en bien!
Car c'est vraiment l'enfer, alors, qu'un tel lien.
Coquette par métier, vaniteuse, frivole,
Elle n'est pas plus tôt à vous, qu'on vous la vole;
Et près du couple heureux, raffinement exquis,
Vous jouerez le... Dandin! Puis viendront les marquis,
Ricanant: « Le bon tour! La femme à Sganarelle!... »
Ne vous hasardez pas à leur chercher querelle,
On vous rirait au nez!

ARMAND.

              Ai-je bien entendu?
Je crois rêver.

MOLIÈRE.

Enfant! vous semblez confondu.
Pensez-vous par hasard, dites, que j'exagère?

ARMAND.

Je ne sais...

MOLIÈRE.

Gardez-vous d'agir à la légère.

ARMAND.

Faut-il que je renonce au théâtre?

SCÈNE V

MOLIÈRE, CHAPELLE, ARMAND, LAFOREST.

CHAPELLE, entrant malgré Laforest.

Grand Dieu!

Renoncer au théâtre! Attendez donc un peu.

LAFOREST.

Vous ne passerez pas.

CHAPELLE.

Que si!

LAFOREST.

Monsieur Chapelle,

Vous êtes ivre.

CHAPELLE.

Moi?

LAFOREST.

Certe!

CHAPELLE.

Oh! si peu, ma belle.

MOLIÈRE, à Laforest.

Va, tu ne pourrais plus le renvoyer.

Laforest sort en menaçant Chapelle.

CHAPELLE.

Qui? moi!
Moi qui viens de tant boire à la santé du roi,
Moi qui, dans la maison du Misanthrope, apporte
La gaîté, le printemps, le soleil, — que j'en sorte!

MOLIÈRE.

C'est l'automne plutôt que vous nous apportez,
L'automne et la vendange!

CHAPELLE.

Oui, j'ai bu vingt santés;
Aussi je suis allègre et j'ai dans la cervelle
De quoi conter fleurette à la muse nouvelle.
J'entends chanter en moi de petits vers pimpants.
Tiens, à boire!... Du lait! breuvage de serpents!

A Armand.

C'est de vin vieux, monsieur, que je suis idolâtre.
Mais pardon. Vous disiez : Je renonce au théâtre.
Et pourquoi?

ARMAND.

Je voulais être comédien;
J'en parlais à monsieur Molière.

CHAPELLE.

C'est fort bien.
Pourquoi pas?

ARMAND.

Il m'en a détourné.

CHAPELLE.

Pas possible!

MOLIÈRE.

Ne vous tairez-vous point, buveur incorrigible?

CHAPELLE, *riant.*

Ah! ah! ah!

ARMAND, *prêt à partir.*

Permettez, monsieur...

CHAPELLE, *le retenant.*

Quoi! vous partez!
Et que vous a-t-il dit, voyons?

MOLIÈRE.

Des vérités.

CHAPELLE, *à Molière.*

Vous êtes gris.

MOLIÈRE.

Mais...

CHAPELLE.

Chut !

A Armand.

Votre cas m'intéresse.
Oui, monsieur, j'ai pour vous presque de la tendresse,
Et votre air tout d'abord m'a plu. Récitez-moi
Quelque chose, *Tartuffe* ou *l'Étourdi,* ma foi !

ARMAND.

Il n'est plus question...

CHAPELLE.

C'est moi qui vous en prie.

MOLIÈRE.

A quoi bon ?...

CHAPELLE.

Taisez-vous. Pas de coquetterie !

A Armand.

Allons, monsieur.

ARMAND.

Je crains...

CHAPELLE.

Voyons, que direz-vous ?
Des vers d'amant heureux ou des vers de jaloux ?

ARMAND.

Vous n'y pensez pas.

CHAPELLE.

Si ! cherchons un peu. Mais, baste !

Prenons *le Misanthrope* et la scène d'Acaste
Avec Clitandre, alors que ces deux éventés
Font assaut de grands airs et de fatuités.
Vous devez posséder le rôle à fond ?...

ARMAND.

Sans doute!

Regardant Molière avec hésitation.

Mon Dieu!...

MOLIÈRE, *avec un geste d'acquiescement résigné.*

Si vous voulez!...

ARMAND.

Excusez-moi!

CHAPELLE.

J'écoute...

Me faut-il vous donner la réplique, marquis?

ARMAND.

C'est inutile.

CHAPELLE.

Eh bien, commencez! je languis.

ARMAND, *récitant.*

« Parbleu, je ne vois pas, lorsque je m'examine,
Où prendre aucun sujet d'avoir l'âme chagrine.
J'ai du bien, je suis jeune, et sors d'une maison
Qui peut se dire noble avec quelque raison,
Et je crois, par le rang que me donne ma race,
Qu'il est fort peu d'emplois dont je ne sois en passe.

Pour le cœur, dont surtout nous devons faire cas,
On sait, sans vanité, que je n'en manque pas;
Et l'on m'a vu pousser dans le monde une affaire
D'une assez vigoureuse et gaillarde manière.
Pour de l'esprit, j'en ai sans doute, et du bon goût
A juger sans étude et raisonner de tout,
A faire aux nouveautés dont je suis idolâtre
Figure de savant sur les bancs du théâtre,
Y décider en chef, et faire du fracas
A tous les bons endroits qui méritent des has!
Je suis assez adroit; j'ai bon air, bonne mine,
Les dents belles surtout, et la taille fort fine.
Quant à me mettre bien, je crois, sans me flatter,
Qu'on serait mal venu de me le disputer.
Je me vois dans l'estime autant qu'on y puisse être,
Fort aimé du beau sexe et bien auprès du maître.
Je crois qu'avec cela, mon cher marquis, je croi
Qu'on peut par tout pays être content de soi... »

CHAPELLE.

Bravo! je suis ravi.

A Molière.

Vous haussez les épaules.
Je vous dis qu'il jouerait mieux que vous certains rôles.

ARMAND.

Vous allez, ce disant, me causer grand regret.

CHAPELLE, *montrant Molière.*

C'est qu'il est irritant, c'est qu'il me damnerait
Avec son ton de glace et sa mélancolie.
Qu'on soit fou, mais au moins d'une aimable folie!

MOLIÈRE.

Comme vous.

CHAPELLE.

Comme moi, pardieu! si vous voulez.
Jeune homme, vous irez jusqu'aux cieux étoilés.
Quand débuterez-vous? Il faut débuter vite.

ARMAND.

Je ne débute point.

CHAPELLE.

Vous plaisantez.

ARMAND.

J'hésite.

CHAPELLE.

Vous hésitez. Pourquoi?

MOLIÈRE.

Pour de bonnes raisons.

CHAPELLE.

Il vous a dit du mal du théâtre? Chansons!
Les hommes y sont faux, et les femmes coquettes...
Surtout quand les marquis garnissent les banquettes.
Et cætera. Voyons, n'est-ce pas bien cela?

ARMAND.

Vous voulez rire.

CHAPELLE.

Un peu.

MOLIÈRE.

Le beau fou que voilà.

CHAPELLE.

Demandez donc, monsieur, à cet austère Alceste,
Pourquoi, si c’est l’enfer, à son âge il y reste.

MOLIÈRE.

Pourquoi! Vous le savez, Chapelle; si je pars,
Ma troupe est ruinée et réduite aux hasards.
Ce serait le malheur de plus de vingt familles.
Les nourririez-vous?

CHAPELLE.

Non.

MOLIÈRE.

C’est certain.

CHAPELLE.

Bah! les filles
S’en tireraient toujours; et quant aux matassins,
Ils se feraient tout droit valets de médecins.
Ce n’est pas pour cela, monsieur, qu’il y demeure.

MOLIÈRE.

Vous allez le savoir mieux que moi tout à l’heure.

CHAPELLE, à *Armand*.

Plus sage, il eût déjà quitté les planches, lui.
Boileau le lui disait.

A Molière.

Il vous le disait, oui!

A Armand.

S'il s'obstine à jouer, c'est un vrai suicide ;
Et pour sa troupe alors que reste-il ? Le vide.
Vingt familles d'un coup sont en proie aux hasards.
Les nourrirai-je ? Non : ces gens sont trop bavards.
Tandis que s'il voulait quitter un temps ses rôles,
Passer sa lourde charge à plus fortes épaules,
Apprendre ce qu'il sait à des gens studieux
Comme vous, tout irait plus loin, peut-être mieux.
Mais c'est plus fort que lui, rien ne lui fait : il reste,
Et c'est par pur amour pour son enfer, sa peste !

MOLIÈRE, *à Armand.*

Le fou dans ce qu'il dit n'a pas tort tout à fait,
Et je songe parfois que peut-être, en effet,
Je devrais renoncer à paraître en spectacle.
Mais il est trop tard ; oui, c'est là le grand obstacle.
Une fois qu'on a mis les pieds sur les tréteaux,
Il semble qu'ils y soient fixés par des étaux.
On tient à cette vie enivrante et factice,
Comme un méchant au mal, un vicieux au vice,
Comme Chapelle au vin. Nul ne s'en veut guérir.
Martine est en péril, gardez-vous d'accourir :
« Il me plaît, dira-t-elle, à moi, d'être battue ! »
Don Juan vainement lutte avec la Statue ;
Quoi que notre festin puisse avoir de splendeur,
N'y venez pas souper ; c'est chez le Commandeur !

CHAPELLE.

Le Commandeur ! Ah, bah ! un spectre de commande !

Qui donc fit-il jamais trembler, je le demande,
Ce funèbre Pierrot sur un tombeau planté ?

> *A Armand.*

Tous les métiers, monsieur, ont leur mauvais côté.
D'ailleurs que feriez-vous, renonçant à la scène ?

ARMAND.

Je plaiderais ; je suis avocat.

CHAPELLE.

C'est obscène !
C'est des métiers le pire et le moins délicat ;
Quittez ce métier vite : on n'est pas avocat.
Moi, mon père voulait que je fusse d'Église.
J'ai balancé trois mois entiers, sans vantardise ;
Mais s'il avait voulu me faire chicanier,
Je me serais du coup sauvé dans un grenier.
Quand on est avocat, on cesse d'être un homme ;
On n'est plus désormais qu'une bête de somme,
Oui, qu'un âne bâté, qui brait dès le matin
Et qui brait jusqu'au soir en très mauvais latin,
Qui s'offre à tout venant, qui se mène à la longe,
Portant le vrai d'un bord, de l'autre le mensonge.
Avocat ! vous, monsieur, que déjà j'estimais !
Avocat ! ne soyez pas avocat, jamais !
Oh ! je sais, on vous dit, la phrase n'est pas neuve :
« Vous avez mission de défendre la veuve
Et le mur mitoyen... non, pardon ! l'orphelin. »
Et là-dessus l'on va, l'on va comme un moulin.
Eh bien ! c'est faux, monsieur. L'orphelin et la veuve

Ne font jamais plaider. L'on ne trouve à l'épreuve
Que des clients qui sont presque tous des coquins,
Et qui ne payent pas ou se montrent mesquins.
Quand on a par hasard une honorable cause,
On la perd ; car, monsieur, vous savez, je suppose,
Que les honnêtes gens connaissent peu la loi.
Tartuffe aurait gagné son procès, sans le roi.
La Chicane est, monsieur, une atroce marâtre ;
Sortez de sa caverne, et venez au théâtre.
Là, tout est joyeux, chante, étincelle, fleurit :
Des femmes tout amour, des hommes tout esprit !
Vous vous amuserez là, je vous certifie,
Plus en un jour, qu'ailleurs en toute votre vie.
Molière s'est trompé. Depuis qu'il vit de lait,
Il enlaidit et voit tout l'univers en laid.

MOLIÈRE.

Vous n'aurez donc jamais la force et le courage
De résister, Chapelle, à cette étrange rage
Qui vous tient de parler sans peser vos discours ?
Vous sacrifierez donc tout au monde toujours
Pour le plaisir de faire une plaisanterie ?

CHAPELLE.

Tout au monde est maussade, il faut bien qu'on en rie.

MOLIÈRE.

Vous devriez dormir après boire.

CHAPELLE.
Jasez !

MOLIÈRE, *à Armand.*

Chapelle a l'art de dire avec les airs sensés
D'un almanach, marquant la lune et l'équinoxe,
Le plus drôle et le plus monstrueux paradoxe.
Quand il parle à des gens pris de vin comme lui,
C'est dangereux. Je n'ai pas grand'peur aujourd'hui.
Admirez son entrain, tandis qu'il est en joie;
Mais gare à ses discours! on s'y perd, on s'y noie.

CHAPELLE.

Ah! je vous vois venir, Alceste.

MOLIÈRE, *à Armand.*

　　　　　　Croiriez-vous
Qu'un jour, ici, chez moi, cet homme à l'air si doux,
Ayant après souper gagné quelque migraine,
Fit si bien, qu'entraînant Mignard et La Fontaine,
A Boileau, Boileau même, il sut persuader,
Mon vin d'Auteuil aidant, de se suicider.
Ils avaient tous déjà pris en horreur la vie
Et couraient se livrer à leur funèbre envie;
Laforest me prévint par bonheur. Je voulus
Partager leur destin, les voyant résolus;
Mais je leur demandai, comme il faisait nuit noire,
De se noyer au jour, pour avoir plus de gloire,
Et pour qu'un tel exploit se perpétrât du moins
Avec solennité, devant nombreux témoins.
Là-dessus on dormit. Chapelle vit encore.

CHAPELLE.

Et s'il m'a préservé de cette eau que j'abhorre,

Ce dont je lui sais gré de tout mon cœur, — pourquoi?
C'est qu'il est bien meilleur comédien que moi!
Donc, vive le théâtre! Ayez l'âme hardie,
Poussez ferme, monsieur, jouez la comédie;
Vous pourrez être utile à des extravagants.
Avocat, vous seriez utile à des brigands,
Tout au plus à des gens de petite figure.
Regardez donc Molière! il rit comme un augure.
Ah! ah!

ARMAND.

Faut-il, monsieur Molière, l'écouter?

CHAPELLE, *riant.*

Ah! ah! ah!

MOLIÈRE.

Sa folie aurait pu vous tenter!

ARMAND.

Je ne sais vraiment plus, le cas est discutable,
A quel saint me vouer...

CHAPELLE.

Vouez-vous donc au diable!

SCÈNE VI

MOLIÈRE, CHAPELLE, ARMAND, MAROTTE.

MAROTTE.

C'est moi, c'est encor moi. Voilà. Tout est conclu.
Il m'a dit : « Voulez-vous m'épouser ? » J'ai voulu.

ARMAND.

Quoi ! vous vous mariez ?

MAROTTE.

            Mon Dieu, c'est le plus sage.
Chapelle, tenez-vous contre le mariage ?

CHAPELLE.

C'est selon.

MAROTTE.

    Selon quoi ?

CHAPELLE.

            C'est selon l'acabit :
Tous les dos ne vont pas, Marotte, au même habit.

MAROTTE.

Vous, parbleu ! vous seriez...

CHAPELLE.

            Vous êtes familière !

MAROTTE.

Je renonce à Satan, à Chapelle, à Molière.

CHAPELLE.

Je renonce à Marotte, à ses pompes, à ses...

MAROTTE.

Renoncez donc d'abord, ivrogne, à vos excès!

CHAPELLE.

Je suis fidèle.

MAROTTE.

Vous! Chapelle pirouette
A tous les vins, messieurs, comme une girouette
A tous les vents.

MOLIÈRE.

Parfait!

CHAPELLE.

Raillez mes passions!
Vaudrait-il mieux tourner à tous les cotillons?

MAROTTE.

Certainement.

CHAPELLE.

Non pas.

MAROTTE.

Viendrez-vous à ma noce?

CHAPELLE.

Quand vous couronne-t-on?

MAROTTE.

J'aurai laquais, carrosse
Et quelques millions dans un mois, mes amis.

ARMAND, *s'avançant tristement vers Marotte.*

C'est donc vrai!

MAROTTE.

Qu'avez-vous? Quel crime ai-je commis?

ARMAND.

Quoi! vous abandonnez le théâtre?

MAROTTE.

Sur l'heure.
C'est fini.

ARMAND.

Sans regret?

MAROTTE.

Sans qu'un regret m'effleure!

ARMAND.

L'art, le succès, l'espoir, vous abandonnez tout?

MAROTTE.

Y voyez-vous du mal? On a si mauvais goût
A Paris, aujourd'hui! Le grand nombre préfère
Des tours de chiens savants aux pièces de Molière.
Bah! j'ai rêvé la gloire aussi, moi! Maintenant
Je ne me repais plus de ce mot bien sonnant.
Qu'ai-je gagné? l'injure avec la calomnie.
Notre vertu, monsieur, on s'en moque, on la nie;

Et l'on ne reconnaît jamais notre talent
S'il n'est pas soutenu d'un cortège galant.
La folle que je fus quand je tirai l'épée
Pour mon honneur! C'était une sotte équipée,
Il faut en convenir. On ne m'y prendra plus;
J'ai perdu deux printemps tristement révolus.
Les planches, mauvais sol! les vers, mauvaise graine!
J'étais esclave hier; demain je serai reine.
A quoi sert la jeunesse, à quoi sert la beauté,
Même avec le plus pur trésor de chasteté,
Quand on n'a pas, avec un époux authentique,
Honorable douaire et nombreux domestique?
Sans mari, sans argent, tout est misère, affronts :
J'épouse et m'enrichis. Ensuite nous verrons
Si l'on peut s'amuser.

CHAPELLE.

Nous en verrons de belles!

MOLIÈRE.

Les Ris et les Amours viendront par ribambelles
Assiéger le palais du financier.

ARMAND.

Quoi! c'est...

MAROTTE.

Oui, c'est un financier. Le public m'agaçait,
Et je veux l'agacer, monsieur.

ARMAND, *à part, s'écartant.*

Adieu, mon rêve!

CHAPELLE.

Vous ne jouerez plus rien?

MOLIÈRE.

Rien que le rôle d'Ève.

MAROTTE.

Je vous prie à ma noce; oui, tous.

A Armand.

Vous aussi.

ARMAND.

Moi!

MAROTTE.

J'invite le théâtre entier. Hein! quel émoi!
Et je vais inviter Laforest, par vengeance.
Molière, à vous revoir. Adieu, vilaine engeance;
Adieu, Chapelle impur, dont Bacchus est le dieu!

CHAPELLE.

Adieu, Mars en cornette; adieu, Bellone; adieu,
Riche Marotte! Ayez des marauds, qui, j'espère,
Ne ressembleront pas de trop près à leur père.

MAROTTE.

Dieu fasse que surtout ils ne ressemblent pas
A cette trogne rouge aux bourgeonnants appas!
J'ai tout Paris à voir, et je me congédie.
Adieu, la compagnie; adieu, la comédie!
Plus de Marotte!

SCÈNE VII

MOLIERE, CHAPELLE, ARMAND.

CHAPELLE.

Vrai ! ce sera curieux,
Sa noce. Nous irons. Quels regards furieux
On y verra ! combien de fines infamies
Y diront les amis et les bonnes amies !

A Armand.

Je vous y mènerai, monsieur, bon gré mal gré ;
Et quant à son seigneur, je vous le griserai
Si bien, que si Marotte a pour vous quelque zèle,
Vous pourrez rire un brin avec mademoiselle
Son épouse.

ARMAND.

Mon Dieu, non ! vous m'excuserez.

CHAPELLE.

Qu'est-ce à dire, jeune homme ? Il faut... Vous y viendrez.

ARMAND.

Je ne saurais, monsieur...

CHAPELLE.

Qu'avez-vous ? Quelle mouche
Vous a soudain piqué ? vous voilà tout farouche.

ARMAND.

J'ai depuis un instant bien réfléchi.

CHAPELLE.

Vraiment!
Vous aussi, feriez-vous votre renoncement?

MOLIÈRE, *à Armand.*

Vous aurais-je blessé?

ARMAND.

Non, non, bien au contraire!
Vous m'avez détourné d'un projet téméraire;
Vous me faites quitter un chemin séduisant,
Mais mauvais. Je vous en serai reconnaissant
Toujours, du fond du cœur.

CHAPELLE.

Jeune homme, qu'est-ce à dire?

ARMAND.

Je m'étais abusé.

CHAPELLE.

Non pas!

ARMAND.

Je me retire;
Veuillez me pardonner mon importunité.

MOLIÈRE.

J'ai regret... Je ne puis vous dire, en vérité,
Quel vif désir j'aurais de vous être agréable.

ARMAND.

Votre humble serviteur, messieurs.

SCÈNE VII

MOLIÈRE, CHAPELLE, *puis* LAFOREST.

CHAPELLE.

Qu'il aille au diable !

MOLIÈRE.

Mais non, il n'y va pas justement ; et j'en suis
Étonné !

CHAPELLE, *maugréant*.

Tirez donc la vérité du puits !

MOLIÈRE, *pensif*.

Pourtant, comme une femme, il mordait à la pomme.

LAFOREST, *entrant*.

Marotte se marie ?

CHAPELLE.

Oui.

LAFOREST.

Qu'en dit le jeune homme ?

MOLIÈRE.

Que veux-tu qu'il en dise ?

CHAPELLE.

Il vient de s'en aller.

LAFOREST.

Ah, tant pis! je comptais un instant lui parler.

CHAPELLE.

Pourquoi faire?

LAFOREST.

Pour voir.

CHAPELLE.

Pour quoi voir?

LAFOREST.

Sa figure.

MOLIÈRE.

Elle t'intéressait?

LAFOREST.

Beaucoup, je vous assure.
Quoi! vous n'avez pas vu qu'il l'aime sottement?

CHAPELLE.

Qui?

LAFOREST.

Marotte, parbleu?

MOLIÈRE.

Lui, Marotte! Comment?

LAFOREST.

Eh bien, il l'aime, quoi! C'était pourtant visible.
Il a rougi, pâli, bredouillé.

CHAPELLE.

Pas possible !
Et moi qui croyais tant à sa vocation !

MOLIÈRE.

Et moi qui le prêchais avec conviction !

LAFOREST.

Et moi qui leur apprends leur métier, bonnes âmes !

MOLIÈRE.

Connaîtrons-nous jamais les hommes ?

CHAPELLE.

Et les femmes !

Molière à Auteuil, demandé par M. Duquesnel, directeur de l'Odéon,
pour le 15 janvier 1876, anniversaire de Molière, devait être le début au
théâtre des jeunes auteurs chargés de composer cet acte. Léon Valade,
n'ayant pu, par suite de sa santé précaire, faire sa part de collaboration,
ne voulut pas signer la comédie entièrement écrite à la hâte par M. Émile
Blémont, auquel il adressa la lettre suivante :

Paris, 7 décembre 1875.

« Mon cher ami,

« Du moment que l'état actuel de la comédie intitulée *Molière à Auteuil*
ne vous paraît plus comporter le travail de seconde main qui m'était réservé
d'après nos conventions récentes, ce m'est un devoir de ne pas figurer
dans une de ces collaborations purement nominales auxquelles ma con-
science a toujours répugné.

« La part que j'ai prise au scenario fait en commun, il y a plus d'un an, est vraiment trop peu de chose pour que je puisse prétendre au partage de la signature et des droits. Je vous adresse donc ma démission, de meilleure grâce, n'en doutez pas, qu'un ministre de l'ordre moral.

« J'aurais pu vous dire cela tantôt; si j'ai préféré vous l'écrire, c'est précisément à cause de l'adage : *Verba volant, scripta manent,* et pour que ce billet ait entre vos mains une valeur testimoniale.

« Un droit que je n'avais pas, et qui m'est rendu en qualité de simple spectateur, c'est celui d'applaudir chaudement le soir de la première. J'en userai, et en attendant, je vous serre très cordialement la main.

« Votre bien dévoué,

« LÉON VALADE. »

Rien ne fut changé à la pièce, qu'il fallait, sans aucun retard, faire copier, lire au théâtre, distribuer et mettre en répétitions, pour qu'elle fût prête le 15 janvier. Mais M. Émile Blémont, malgré la lettre du 7 décembre, maintint le nom de Léon Valade à côté du sien; et il l'y maintient encore, en souvenir d'une amitié qui lui est restée chère.

L'Inauguration du Monument de Molière

à Pézenas

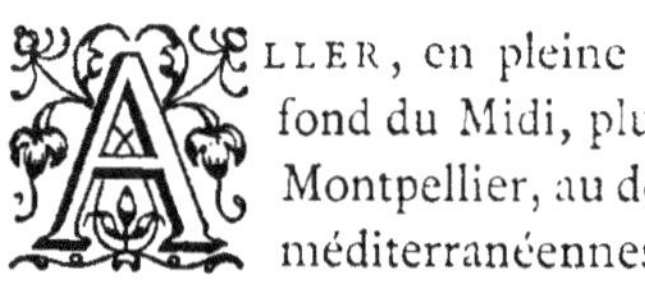

L'Inauguration du Monument de Molière

à Pézenas

8 août 1897

——

ALLER, en pleine canicule, tout là-bas, dans le fin fond du Midi, plus loin que Tarascon, plus loin que Montpellier, au dernier petit bout des grandes lignes méditerranéennes, pour passer deux ou trois jours en inaugurations ruisselantes d'ardent soleil, en ministériels banquets et en représentations théâtrales, il n'y avait certes pas là de quoi tenter un Parisien de Paris, rassasié dès longtemps de pompes officielles, de spectacles et de galas.

Mais les Fêtes de Pézenas offraient une attraction fort peu banale, et promettaient, avec un régal d'une saveur toute particulière, une démonstration du plus vif et du plus haut intérêt.

Il s'agissait de visiter l'extrême-sud, non plus, comme d'habitude en ces derniers temps, pour remplir d'acclamations ces abattoirs publics qu'on appelle des cirques de taureaux, non plus

pour exalter la gloire de ces poètes particularistes, dont, assez
souvent, le principal mérite est de ne point écrire en notre langue
nationale ; mais tout simplement, tout bonnement, pour célébrer,
devant les admirables figures taillées dans la blancheur du marbre
par le maître sculpteur Injalbert, le plus français, le plus humain
de nos génies littéraires, le dieu de la comédie, l'excellent poète
parisien Molière.

Et la fête, je vous assure, a été digne de celui que l'on venait
fêter ; et malgré les jours et les nuits interminables passés dans
les compartiments de chemins de fer, malgré les déraillements
et les retards sans cesse renouvelés, malgré la chaleur, la pous-
sière, les installations hâtives et le surmenage continuel, aucun
des pèlerins moliéristes, accourus du nord, de l'est et de l'ouest,
n'a pleuré sa fatigue ni regretté son voyage. Pézenas les a si bien
reçus à bras ouverts, si joliment installés, si plantureusement
traités, et de toutes façons leur a témoigné une si cordiale amitié,
une si franche allégresse de les voir s'associer à sa fervente com-
mémoration, que, tout de suite, ils ont tout oublié de leurs en-
nuis et de leurs lassitudes, pour ne plus songer qu'aux grands et
précieux souvenirs évoqués, en se laissant aller au charme des
belles et bonnes choses qui en rendaient l'évocation si pénétrante
et si douce.

Si le Roy-Soleil a aimé et protégé Molière, s'il l'a défendu
contre les marquis, les pédants, les sots et les hypocrites, le Midi
républicain a voulu éclipser le Roy-Soleil : et sans dépasser la
mesure, hautement mais délicatement, avec émotion mais avec
justesse, il a su organiser une souveraine apothéose. Rien n'y a
manqué. Les maisons se sont pavoisées pour Molière de drapeaux
tricolores et même de drapeaux russes ; pour Molière, se sont
dressés des arcs de triomphe où ruisselaient les eaux vives, où
chantaient flûtes et violons ; au Cours Molière, au Square Molière
les populations des villes et des campagnes se sont donné rendez-
vous en l'honneur de Molière ; dans cet universel hommage à

Molière, on a vu marcher à l'unisson le gouvernement, le parlement, la magistrature, le clergé, l'armée ; il n'y manquait que la flotte ; et quand, le voile aux trois couleurs s'écartant, le monument a rayonné sous le ciel bleu, la *Marseillaise* a salué Molière à grand orchestre. On n'a plus entendu qu'un cri : « Vive Molière ! »

Il est vrai que, pour ne se point brouiller avec la couleur locale, entre temps les bons Piscénois ont eu soin de faire danser à ciel ouvert leur exquise Danse des Treilles par la fleur de leur jeunesse, gracieuses fillettes et souples garçons vêtus de ravissants costumes blancs, roses, bleu-clair, et balançant de légers cerceaux de pampres sur la fine et mélodieuse cadence d'un air Louis XIII, que Saint-Saëns s'est empressé de noter au vol, non sans remarquer comment quelque vieux musicien l'avait accommodé sur un rythme ternaire.

Il fut très gai, le banquet, autour des longues tables qui remplissaient le vaste dortoir du collège, transformé pour la circonstance en réfectoire triomphal. Les dames n'étaient pas nombreuses, mais la qualité compensait la quantité ; et Mlles Marie Kalb, Rachel Boyer, Frémaux, représentaient à merveille l'élément féminin. Le champagne donna le signal des toasts. C'est M. Montagne, l'aimable maire de Pézenas, qui ouvrit le feu ; il remercia en fort bons termes le Ministre des Beaux-Arts d'avoir bien voulu présider les fêtes d'inauguration.

La réponse de M. Rambaud, sous une forme charmante et avec un art très heureusement trouvé, a été des plus flatteuses pour la cité de Pézenas :

« Il est certain, a-t-il dit, que nous assistons à un spectacle intéressant. Des hommes du Nord, et aussi des femmes, sont venus s'associer avec vous dans une admiration commune pour un grand nom français. Cette ville, petite par son territoire, est devenue, à force de foi et de passion artistique, et pour rendre à Molière un hommage désintéressé, une ville des plus importantes.

Nous retrouvons, comme en Ionie, dans la France du Sud, ce phénomène des petites villes ayant enfanté de grandes choses. Le sang hellénique n'a-t-il pas coulé dans les veines de ses habitants ? Une telle cité mérite à tous égards les sympathies du gouvernement d'une République comme la nôtre... »

M. Paul-Albert Alliès, le dévoué, l'infatigable secrétaire-général du Comité Molière, a remercié la Comédie-Française d'une voix chaleureuse et vibrante. Le doyen de la Comédie, M. Mounet-Sully, n'a pas voulu accepter ces remerciements, sans dire combien chacun de ceux qu'on remerciait avait été heureux d'apporter son concours à cette belle journée : « Molière est mort pour avoir poussé plus loin que ses forces ne le lui permettaient son amour de l'humanité et de l'art. C'est pour cela surtout qu'il est chez nous toujours vivant. Avant d'être l'écho de son œuvre, la Comédie-Française est le reliquaire de son cœur ; et c'est pour cela que partout où on le fête, nous voulons être les premiers à le fêter. »

« Mon cher Alliès, a dit ensuite Coquelin Cadet, ce n'est pas trop de deux voix pour vous remercier au nom de la Comédie-Française. Merci des choses touchantes que vous lui dites. Elle a plus d'une affaire en ligne dans le Midi, en ce moment, la Comédie ! et, si elle envoie avec plaisir et en grande pompe sa troupe tragique à Orange célébrer Sophocle sous la bannière des félibres, elle envoie avec attendrissement ses comédiens à Pézenas célébrer le Père de la Maison ! Inutile de vous dire, mon cher Alliès, avec quelle profonde émotion nous sommes venus inaugurer le monument de Molière. Il est tout naturel que Molière nous tienne au cœur et aux entrailles. Il est par excellence le peintre de notre race, l'admirable traducteur de nos mœurs et de nos passions. Il est bien à nous ; il est nous ; il est l'humanité... »

Les toasts épuisés, on s'est rendu pédestrement, Ministre et Directeur des Beaux-Arts en tête, au Square Molière, envahi depuis le matin par une foule compacte. Le monument a été dé-

voilé, et la cérémonie d'inauguration a suivi son cours. Sur la
façade du socle, se lit l'inscription suivante :

A MOLIÈRE, SES ADMIRATEURS

Au dos du piédestal, en relation avec deux masques représen-
tant les traits de Coquelin cadet et de Mlle Ludwig, se trouve l'inscription que voici :

EN SOUVENIR DES SÉJOURS DE MOLIÈRE

1650-1651 — 1653-1656

SOUSCRIPTION NATIONALE

SUR L'INITIATIVE DU COMITÉ DE PÉZENAS

Inauguré le 8 août 1897

M. Alliès a pris le premier la parole, pour faire à la ville la re-
mise du monument : « Pézenas se devait de perpétuer magnifi-
quement le souvenir de l'hospitalité reçue par Molière, et de mar-
quer d'une façon durable, pour les siècles futurs, la part que la
province a eue dans le génie du maître et la place qu'il lui a donnée
dans ses œuvres... » Le Maire a répondu en remerciant de nouveau les hauts personnages qui l'entouraient : « Molière, a-t-il
ajouté, n'a guère vécu hors de Paris, qui l'avait donné au monde.
Par une bonne fortune toute spéciale pour nous, il a passé à Pézenas une partie des belles années de sa jeunesse. On peut dire,
on peut établir que c'est à cette époque que, chez lui, l'auteur est
né de l'acteur ; en d'autres termes, il est prouvé que, de ce moment, date l'éclosion de son génie. Et nous hésiterions à affirmer
que ce génie, le plus universel peut-être qu'ait produit notre pays,
appartient pour une grande part à la ville où il a, au printemps
de son existence, acquis tout particulièrement droit de cité ! »

Dans le discours où il a étudié avec une si solide autorité l'Œuvre de Molière, M. Rambaud a prononcé ces paroles caractéristiques :

« Si Montpellier possède, dit-on, la robe de Rabelais, Pézenas a le fauteuil de Molière ; et il faut féliciter cette ville d'avoir élevé à ce grand poète un monument digne de lui. Le génie de Molière, c'est le génie français, fait de bon sens, de clarté, de lumière, de sincérité dans les sentiments, de mesure dans l'expression des sentiments. La journée d'aujourd'hui est réjouissante pour les cœurs français. Du même cœur dont les recrues du Nord et du Midi couraient à la frontière, le Nord et le Midi se confondent en une admiration passionnée pour les hommes de génie qui fondèrent la royauté intellectuelle de la France sur les nations. »

M. Jules Claretie, dont chacun regrettait d'autant plus l'absence qu'elle avait pour cause un douloureux devoir de famille, avait prié le doyen de la Comédie-Française de lire à sa place son discours. M. Mounet-Sully a fait valoir à merveille ce superbe morceau d'éloquence, qui a été applaudi, acclamé avec enthousiasme, par l'élite et par la foule, dans une véritable ovation :

« Je voulais, au nom de toute la compagnie qui se réclame fièrement du maître immortel, remercier la cité du beau pays de l'Hérault, qui a marqué, par l'œuvre admirable d'un sculpteur illustre, sa reconnaissance, celle de la patrie tout entière, pour l'homme qui incarne supérieurement le génie français, et dont le rire généreux, la raison armée de bon sens alerte et souverain, la santé d'esprit, donnent à l'étranger la plus complète idée de ce qu'est l'âme simple, forte, solide et humaine, l'âme même de la France.

« Aucun homme ne fut plus que Molière un homme, un exemplaire plus complet de ce que peut produire la nature humaine lorsqu'elle rêve un chef-d'œuvre de vie intellectuelle et morale, un être d'élection, probe, tendre, bon, se moquant du vice et des méchants sans méchanceté, compatissant aux braves gens, sévère à Célimène, souriant à Henriette, et vrai Français de la vieille France, prêt au sacrifice et au devoir, aussi haut dans son caractère que dans son génie, mourant à son poste et allant jouer sur son théâtre pour assurer, disait-il, le pain du jour à ses compagnons... »

De littéraire, la fête est alors devenue musicale. M. Saint-Saëns a dirigé lui-même son « Madrigal à Molière », fort bien chanté par M. Duc. Puis ce fut le tour de M. Vernazobres et de M. Paul Baume, avec « l'Hymne » et « le Chant de fête ». Pour le bouquet, Mounet-Sully a dit, de sa voix merveilleuse, l'Ode de M. Henri de Bornier ; et Coquelin cadet a interprété, avec la verve la plus communicative, les Strophes de M. Louis Marsolleau. Nous voudrions citer intégralement ces sonores et belles rimes, qui furent si bien accueillies. Voici le début des Strophes :

> C'est dans ce pays de clarté,
> De belle humeur et de santé,
> Où flambe un éternel été,
> Que sa muse fut écolière ;
> Il a passé par ces chemins,
> Des vérités plein les deux mains,
> Le contemplateur des humains,
>   Molière.

> Ce sont les filles du Midi,
> A l'air franc, au parler hardi,
> Qui disaient les choses que dit,
> Tendre, gaillarde et familière,
> Marinette à son gros René ;
> Et de leur accent safrané
> Ton génie est assaisonné.
>   Molière.

Et voilà les derniers vers de l'Ode :

> Maintenant, c'est la vie auguste dans le marbre,
> Mystérieuse ainsi que la sève dans l'arbre,

> Car ton âme, ô poëte, ô maître souverain,
> Redescend et revit dans le marbre et l'airain.
> Les grands morts, se dressant sur leur socle de pierre,
> D'une étrange lueur emplissent leur paupière ;
> Et devant leur regard mystérieux, devant
> Cet éclair qu'à leur front met le soleil levant,
> Nous sentons, bien petits dans le temps et l'espace,
> Que notre vie à nous est une ombre qui passe,
> Que tout en elle est vain, faux, trompeur ou douteux,
> Et que les seuls vivants ici-bas — ce sont eux !

Le soir, au Théâtre, la représentation a eu un succès étourdissant. Voici comment le *Petit Méridional* en rend compte :

« Toutes les épithètes laudatives seraient insuffisantes pour rendre l'impression que la soirée, donnée au petit Théâtre de Pézenas par la troupe de Molière, a laissée aux spectateurs. Salle enthousiaste, où les mains finement gantées applaudissaient avec autant de vigueur que les mains robustes des bourgeois et ruraux placés aux secondes : artistes tentant de se surpasser et en qui le souvenir du grand acteur qui joua dans cette ville, centuplait le désir de rivaliser de zèle, d'entrain, de puissance comique.

« *Le Dépit Amoureux* et le *Médecin malgré lui,* interprétés par Coquelin, Baillet, Veyret, Esquier, Gaudy et Mmes Kalb, Rachel Boyer, Frémaux ; *le Barbier de Pézenas* de MM. Émile Blémont et Léon Valade, où les mêmes artistes se donnent la réplique, ont été salués par des applaudissements répétés. Et le spectacle s'est terminé dans une sublime apothéose. »

La matinée littéraire du lendemain à la Grange-des-Prés, l'ancien domaine du prince de Conti, a été un ravissement. Mme Dessalles, la châtelaine de maintenant, a fait les honneurs de son admirable parc avec toute l'affabilité d'une grande dame d'autrefois. Dans un décor rappelant le style de Versailles, sous les grands arbres bercés par la brise, en vue du vieux château brique et pierre toujours jeune et riant au soleil, autour d'une pièce d'eau d'où émanait la plus agréable fraîcheur, on a entendu les orateurs et les poëtes qui n'avaient pu parler la veille, vanter successivement l'auteur du *Misanthrope* en prose ou en vers, en langue d'*oïl* ou en langue d'*oc*. Puis, jaloux d'apporter un hommage décisif au Maître qu'avaient salué dans un si bel accord le ministre et la municipalité, le Parlement et l'Église, l'armée et la Comédie-Française, Saint-Saëns et la *Marseillaise,* — M. Gustave Larroumet a clos la fête en immolant la mémoire du prince de Conti lui-même devant le buste en bronze de Molière. C'était dur pour ce malheureux prince, d'être ainsi sacrifié dans son ancienne demeure ; mais c'était juste. Et l'exécution fut faite avec une irréprochable maîtrise :

« Aujourd'hui toute chose a repris sa place légitime. Le jour de la revanche de l'esprit humilié est arrivé ; car ceux qui, en présence des héritiers de Molière, les artistes de la Comédie-Française, dressent aujourd'hui son buste, n'ont pas songé encore à placer l'image de Conti à côté de celle de Poquelin. Chacun d'eux a pris sa place définitive, l'un dans l'oubli, l'autre dans la gloire. »

Un déjeuner sous la feuillée mit le comble à notre bonheur. C'était délicieux comme dans *la Fête chez Thérèse* des *Contemplations*. Les dames avaient une grâce adorable...

. . . . Et sur leurs gorges blanches
Les actrices sentaient errer l'ombre des branches.

E. B.

Théâtre Cornélien

Pierre Corneille

POÈME

DIT PAR M. CHELLES

au théâtre national de l'Odéon
à l'occasion du deuxième centenaire de Corneille.
1ᵉʳ octobre 1884.

Pierre Corneille

I

Dans nos destins changeants, dans l'éternel mystère
Qui fait vers l'idéal graviter notre terre,
Chaque peuple a son rôle et sert l'humanité ;
Avec sa foi, ses lois, sa personnalité,
Sa forme, et les instincts que tout en lui proclame,
Chaque peuple est un être immense, ayant une âme.
Dans les longs siècles noirs d'ignorance et d'horreur,
Comme le grain tombé des doigts du laboureur,
Cette âme dort, couvée au sein de la patrie ;
Puis elle germe, croît et, de splendeurs pétrie,

Fait éclore au soleil son triomphant trésor
De beauté pure, et donne à son parfum l'essor.
Or, cette fleur, c'est toi, divine Poésie ;
Et de ton frais calice, où brille l'ambroisie,
Il s'exhale, selon le sol qui l'a porté,
Ou la vie, ou la mort, ou l'immortalité.
Au bord de l'Ilyssus, en pleine apothéose,
Homère t'a cueillie avec un laurier-rose ;
David te respira dans le vallon d'Endor ;
Virgile et Dante ont vu fleurir ton rameau d'or
Au doux pays qu'emplit de musique sereine
Le flot bleu des deux mers où chanta la sirène.
Camoëns a conquis la palme des héros.
Dans les brumes, parmi les bouffons, les bourreaux,
Les spectres, voyez-vous Shakspeare en noir et pâle,
Qui tient, avec un rire effrayant comme un râle,
Un crâne d'homme, et dit, en guise d'oraison :
« Hélas ! pauvre Yorick, tu n'as plus de chanson ! »
Mais là-bas, vers ce mont fantastique, où s'attarde
Ce funèbre sabbat sous la lune blafarde,
Quels sont donc ces trois grands fantômes dans la nuit ?
C'est Marguerite, Faust et l'enfer qui les suit.
Fuyez, ô visions sinistres ! Le coq chante.
Et voici se lever, généreuse et touchante,
L'aube et l'aurore au front, et le ciel dans les yeux,
L'âme de notre France en tes vers radieux,
O grand Corneille, ô pur poète, ô fier génie,
Fait de raison sublime et d'austère harmonie.

II

C'était un homme simple, un bon bourgeois normand,
Un avocat sans cause, et si peu véhément,
Si peu bavard, si peu chicanier, que son père
Lui bailla, pour la forme, une charge légère,
Concernant les forêts, l'eau douce et l'Océan,
En la Table de marbre au Palais de Rouen.
Il aima, fit des vers, rima des comédies;
Puis, ouvrant dans le ciel des ailes plus hardies,
Son Pégase aborda les tragiques sommets.
Il fut parfois heureux sans intriguer jamais,
Sut rajeunir Médée, et déchirant les toiles,
Bientôt avec Chimène alla jusqu'aux étoiles.
Malgré l'Académie et le grand Cardinal,
Malgré les envieux, malgré leur arsenal
De traits aigus trempés dans l'âcre calomnie,
Paris eut un transport de tendresse infinie.
En cette chaste amante, en cet amant vainqueur,
Un grand siècle viril avait senti son cœur;
Et pour mieux ennoblir le poëte, la Reine
Mit, en très gracieuse et très noble marraine,
Sur trois lions de pourpre ornant son blason pur,
Autant d'astres d'argent semés en champ d'azur.

III

Quand *le Cid* brilla sur le monde,
O rayonnements inouïs !
L'émotion fut si profonde
Dans tous les cœurs épanouis,
Qu'oubliant les haines vulgaires
Qui les précipitaient naguères
Dans la fange et le sang des guerres,
Tous les peuples civilisés
Se levèrent comme un seul homme,
A Madrid, à Londres, à Rome,
Et pleurèrent d'extase, comme
S'ils se sentaient divinisés.

Jamais sous le ciel de la Grèce,
Ni sous le ciel italien,
L'on n'avait vu telle allégresse
De l'âme oubliant son lien ;
Eschyle, Sophocle, Euripide,
Avaient-ils, en leur vers limpide,
Ainsi reflété ce splendide,
Ce stoïque et poignant émoi
D'un héros qui, lorsqu'en lui-même
Ce qu'il honore et ce qu'il aime
Se livrent un combat suprême,
Fait son devoir, meurt pour sa foi ?

Depuis lors, la scène est un temple
Où resplendit le feu sacré,
Pour que l'œil humain y contemple
Le grand exemple révéré;
Pour que, sans dogmes ni ténèbres,
Sans superstitions funèbres,
Tous s'imprègnent jusqu'aux vertèbres
De force, de grâce et d'amour,
De ce qui brûle, purifie,
Éclaire, exalte et glorifie,
De tout ce qui rend notre vie
Digne d'éclater au grand jour.

IV

N'avait-il pas compris ta pensée, ô Patrie,
Celui qui, sans blasphème et sans idolâtrie,
   Dressa la vertu sur l'autel;
Et qui, de vérité, de beauté, de justice,
Se fit un rythme d'or, pour qu'en nous retentisse
   Un chant de jeunesse immortel?

Toi seule, il le savait, Nation rédemptrice,
Toi seule, oubliant tout, blessure et cicatrice,
   Et donnant ton lait maternel,
Dans ce bas monde en proie aux fatalités noires,
Tu combats pour sauver, tu gagnes des victoires
   Sans vil intérêt personnel.

De leurs tombeaux perdus au milieu des ruines
Évoquant les héros avec les héroïnes,
        Partout, sans douter du succès,
Il chassa de leur front les ombres funéraires,
Il leur prêta son souffle, et, faisant d'eux nos frères,
        Les naturalisa Français.

Rien de haut n'échappait à son âme loyale :
Rome républicaine et Rome impériale
        Venaient l'inspirer tour à tour ;
César semble plus grand chez lui qu'aux bords du Tibre,
Sertorius paraît plus superbement libre,
        Et Cornélie a plus d'amour.

C'est dans la majesté de son style robuste
Qu'Octave converti devient vraiment Auguste,
        Vraiment maître de l'univers.
C'est du jour où, devant les foules fascinées,
Il exalte le Cid, qu'au loin les Pyrénées
        Abaissent leurs panaches verts.

Il aimait peu la cour, ne parlait guère au prince ;
Il s'en allait chercher le silence en province,
        Afin d'entendre mieux ses voix,
Puis travaillait, rêvait ; et dans ses rêveries
Le Ciel se reflétait, comme aux sources fleuries
        Jaillissant partout des grands bois.

Il élevait ses fils comme avait fait son père;
Tout l'argent qu'il avait au jour le plus prospère,
        Ne formait point un gros amas;
Il vivait en famille, et, par la trappe ouverte,
Demandait, las d'aller seul à la découverte,
        Sa rime à son frère Thomas.

Dans une pauvre échoppe, au temps de sa vieillesse,
On peut le voir assis, faisant mettre une pièce
        A son soulier, et l'attendant;
Aïeul digne en tous points, ô misère prodigue!
De ces va-nu-pieds qui, braves comme Rodrigue,
        Ont conquis le monde en chantant.

V

        Oui, *le Cid* fut un grand prélude;
        Et déjà, sous un enfant-roi,
        Quoique l'entreprise fût rude,
        Condé triomphait à Rocroy;
        Elle était là dans la mêlée,
        La Muse fraîche-révélée,
        Portant sur sa robe étoilée
        Le luth où vibrent les beaux vers;
        Et plus tard, on sent sa présence
        Partout où le sang de la France
        Coula joyeux, pour la défense
        Des chemins vers le ciel ouverts.

Elle vit expirer Turenne,
A Denain leva le drapeau,
Et s'embarqua sur la carène
Qui portait là-bas Rochambeau ;
Puis lorsque l'Europe en furie,
Pour écraser notre patrie,
Ébranla son artillerie
Et ses escadrons cuirassés,
Elle chanta la *Marseillaise*
Et, devant la rouge fournaise,
A la République Française
Cria : « Toi seule, et c'est assez ! »

VI

C'est aujourd'hui surtout, Inspirateur magique,
Que la France a besoin de la sève énergique
Qui bouillonne en ton vers sonore et généreux ;
Nous avons traversé des temps si ténébreux
Qu'elle est très pâle ; il faut, pour guérir l'anémie,
Pour ranimer la force en sa veine endormie,
Pour bannir de son cœur la tristesse et l'hiver,
Que dans ta coupe d'or elle boive du fer.

Renais donc! et dis-lui de ta voix vénérable
Que, quand l'honneur est sauf, rien n'est irréparable;
Qu'auprès du Capitole est le roc Tarpéien,
Que le droit seul est fort, que le reste n'est rien.
Répète-lui bien haut que la seule victoire
Vraiment sûre, vraiment durable dans l'histoire,
Est celle où le vainqueur a vraiment mérité
De vaincre, la justice étant de son côté.
Il faut lui rappeler cela, Pierre Corneille.
Dans la terre où tu dors, que notre voix t'éveille!
Écarte ton linceul, surgis du tombeau, viens!
O génie, es-tu là? reconnais-tu les tiens?
Oui, je sens ton cœur battre; oui, je vois ton visage,
Ton front pensif et fier de soldat et de sage,
Tes yeux clairs où le ciel aimait à se mirer,
Et je sens ta grande âme en nous tous pénétrer.
Reste, écoute! rends-nous meilleurs, viens-nous en aide,
Délivre-nous du rêve affreux qui nous obsède,
Et que le gai printemps recommence à fleurir!
Plus on est éprouvé, plus on doit recourir
A l'exemple sacré que ton œuvre nous lègue.
Notre illustre pays est semblable à don Diègue;
Il a besoin d'un fils qui venge son affront.
Pour nous permettre enfin de porter haut le front,
Pour briser l'arrogance et déjouer l'intrigue,
Suscite à notre tête, ô Corneille, un Rodrigue,
Un Cid Campéador! Ne retourne au tombeau
Qu'après avoir, à ton éblouissant flambeau,
Au lieu des feux follets dansant sur nos miasmes,
Rallumé les ardents et purs enthousiasmes;

Qu'après avoir montré qu'on est heureux et fort
En redoutant la honte, en méprisant la mort;
Et qu'après nous avoir laissés, comme Moïse,
Dignes de pénétrer dans la Terre promise.

La petite Rosange

COMÉDIE EN UN ACTE

EN VERS

PERSONNAGES

CORNEILLE
VOITURE
NOËL LEBRETON, sieur de HAUTEROCHE, souffleur.
D'ORGEMONT
FLORIDOR
DE VILLIERS
DES URLIS   } Comédiens de l'Hôtel de Bourgogne.
BRÉCOURT
BEAUVAL
Mlle DU CLOS
Mlle AUBRY   } Comédiennes de l'Hôtel de Bourgogne.
ROSANGE, nièce de Mlle Du Clos.

La scène est à Paris, au Théâtre de l'Hôtel de Bourgogne.
1643.

La petite Rosange

SCÈNE PREMIÈRE

CORNEILLE, HAUTEROCHE.

HAUTEROCHE.

Monsieur Corneille, on va répéter.

A part.

Le distrait!
Il hésite, il s'arrête, il repart comme un trait;
Et j'ai beau me pencher à l'une ou l'autre oreille,
Il ne m'entend pas plus qu'un sourd!

Élevant la voix.

Monsieur Corneille!

CORNEILLE, *sortant de sa rêverie.*

Ah! c'est vous, Hauteroche. Excusez!

HAUTEROCHE.

Quel souci
Vous trouble la cervelle et vous absorbe ainsi ?
Vous êtes le mortel le plus heureux de France :
Tout vous sourit, succès, bonheur, gloire, espérance ;
Vous venez d'épouser l'objet de votre amour ;
On vous vante à la ville, on vous prise à la cour ;
Et bientôt *Polyeucte,* ici, sur cette scène,
Fera de tout Paris, monsieur, votre Mécène.
Que vous faut-il de plus ?

CORNEILLE.

Cette fois, je crains fort
De lasser la Fortune et de sombrer au port.
L'Hôtel de Rambouillet...

HAUTEROCHE.

Eh bien ?

CORNEILLE.

Je viens de lire
Polyeucte là-bas.

HAUTEROCHE.

Alors, double martyre :
Martyre de l'auteur, martyre du héros !
Que, diantre ! espériez-vous de ces nobles bourreaux ?

CORNEILLE.

Noël, vous savez bien quelle est leur influence.

HAUTEROCHE.

Je le sais ; c'est pourquoi j'enrage, quand j'y pense.
Ils ont dû vous berner de toutes les façons.

CORNEILLE.

Ils ont été polis, mais froids. De vrais glaçons !
J'ai lu...

HAUTEROCHE.

Vous voulez donc toujours lire vous-même !
Ah ! pour faire valoir un damnable poème,
Je connais des diseurs vraiment miraculeux ;
Mais, lu par vous, *le Cid* même a l'air nébuleux !
Vous ressemblez, avec votre voix de fantôme,
A quelque huguenot nasillant un vieux psaume,
Et débitez vos vers comme on abat des noix.
Pardon ! je vois les gens si faux et si sournois,
Qu'il me prend des accès farouches de franchise.

CORNEILLE.

Dites ! ne craignez pas que je me scandalise !
Chez un homme de cœur, j'admets toujours l'esprit,
Noël. Mais un chagrin personnel vous aigrit,
Ou je me trompe fort. Tout en vous me révèle
Que vous avez du noir aussi dans la cervelle ;
Et même, vous devez en avoir plus que moi.

HAUTEROCHE.

La belle occasion de vous mettre en émoi !
Vous faites trop d'honneur à mon humble mérite.

CORNEILLE.

Si l'injuste destin vous raille et vous irrite,
Vous n'en avez pas moins de sens et de valeur.
Vous rêviez d'être prince et vous voilà souffleur !
Certes, ce n'est pas gai. Mais toute épreuve austère

A pour les cœurs vaillants un côté salutaire.
Quand, à l'âge où fleurit la fraîche illusion,
Hanté par une belle et chère vision,
Fier, imberbe, naïf, épris de ce qui brille,
Vous avez laissé là, Noël, votre famille
Pour conquérir un nom glorieux, dans les rangs
De je ne sais plus quels comédiens errants,
Vous ne connaissiez rien du monde et de la vie,
Hors le mirage doux à votre âme ravie.
Vous marchiez au hasard, crédule, insoucieux,
Sans rien voir. Aujourd'hui vous avez de bons yeux;
Sachez vous en servir!

HAUTEROCHE.

      Oui, fol enfant prodigue,
J'ai cru pouvoir d'emblée aborder les Rodrigue;
Et le public, qui fait au théàtre la loi,
M'a trouvé peu doué pour ce galant emploi.
Alors, j'ai voulu prendre un rôle secondaire;
Mais rien n'a désarmé l'irascible parterre.
Je ne puis même pas, malgré mon zèle ardent,
Jouer dans votre pièce un mince confident;
Car vos vers, vos beaux vers que je sens à merveille,
Je les dis aussi mal que vous, monsieur Corneille.

CORNEILLE.

Écrivez donc, alors, au lieu de déclamer!
Vous savez dénouer une intrigue, et rimer;
Vous avez la science et vous avez la flamme.
On vous force à penser. Eh bien! soyez une âme,
Et laissez le cothurne aux beaux parleurs!

HAUTEROCHE.

Vingt fois

Je me suis gourmandé, moi-même, à haute voix ;
Peine perdue ! Hélas ! je souffrirais en brave,
Si mon cœur n'avait pas une atteinte plus grave.
J'étais à moitié fou, je le suis tout à fait.
Je suis amoureux ! Oui, j'aime ! et l'unique effet
De mon absurde amour, c'est de me rendre encore
Plus ridicule, aux yeux de celle que j'adore.

CORNEILLE.

Et qui donc aimez-vous de cet amour transi ?

HAUTEROCHE.

Vous êtes seul peut-être à l'ignorer ici.
A tant de curieux comment donner le change ?
Chacun raille mon trouble. Elle surtout !... Rosange !

CORNEILLE.

La petite Rosange ?

HAUTEROCHE.

Hélas ! oui, cette enfant

Qui rit toujours, tandis que je m'en vais rêvant.
Elle a vingt ans, je crois, et n'en paraît pas seize.

CORNEILLE.

Le rire est de son âge, elle est jeune et Française !

HAUTEROCHE.

Tant de gaîté m'attriste.

CORNEILLE.

Ami, vous avez tort.

Ouvrez-lui votre cœur.

HAUTEROCHE.

Elle en rirait plus fort.

CORNEILLE.

Qui sait?

HAUTEROCHE.

J'ai peur. Je fuis quand je la trouve seule.

CORNEILLE.

Consultez la Du Clos dont elle est la filleule,
Et qui, lorsque mourut sa mère, voulut bien
L'adopter, l'héritage étant réduit à rien.
Mais j'y pense, Noël! je puis vous être utile :
Rosange, qui n'a point un esprit si futile,
Réclamait l'autre jour, pour ses prochains débuts,
Un beau rôle tout neuf, plein d'effets imprévus.
Hier, après avoir habillé sa marraine,
Elle m'a pris à part, la petite sirène,
Et m'a dit doucement : « Monsieur, c'est entendu,
Vous travaillez pour moi. »

HAUTEROCHE.

Qu'avez-vous répondu?

CORNEILLE.

Pouvais-je refuser? Elle était si câline!
Sa marraine, d'ailleurs, doit jouer ma Pauline.
Mais justement, voici venir notre beauté.

HAUTEROCHE.

Je me sauve.

CORNEILLE.

Non pas! Restez à mon côté.

SCÈNE II

Les Mêmes, ROSANGE.

CORNEILLE.

Salut, ma chère enfant! Votre joli visage
Me réjouit toujours comme un heureux présage.

ROSANGE.

Avant de répéter, ma marraine voudrait
Vous dire un mot, monsieur.

CORNEILLE.

Bien!

ROSANGE.

C'est dans l'intérêt
De la pièce, d'après ce que j'ai cru comprendre.
Ici même, monsieur, voudriez-vous l'attendre?

CORNEILLE.

Certes!

ROSANGE.

Je vous préviens que c'est très sérieux.

HAUTEROCHE.

N'a-t-elle plus la foi? Son rôle est merveilleux.

ROSANGE.

Ah! si monsieur Noël en avait un semblable!

HAUTEROCHE.

Monsieur Noël pourrait s'y montrer exécrable,
Sans que le rôle en fût moins bon.

ROSANGE.

                          Monsieur Noël
Est très galant, très docte et très spirituel.

CORNEILLE.

Il a du moins l'esprit de vous aimer, méchante,
Et devrait vous trouver un peu plus indulgente.

ROSANGE.

Cet esprit-là, monsieur, d'autres peuvent l'avoir.

CORNEILLE.

Mais pas autant que lui!

ROSANGE.

Bah!

CORNEILLE.

                          C'est facile à voir.

ROSANGE.

Qu'il m'inspire celui d'y devenir sensible!

CORNEILLE.

Vous y prêteriez-vous, cruelle?

ROSANGE.

                          C'est possible,
S'il écarte avec soin la tristesse et l'ennui.
Franchement, je n'ai pas d'aversion pour lui;

Mais c'est tout! Je vous laisse avec monsieur Voiture,
Qui vient vers vous, plus grave et plus fier que nature.

> *Elle part en riant.*

HAUTEROCHE.

Voyez l'enfant terrible avec ses rires fous!

> *Il va s'asseoir au fond de la scène, dans un coin où il se
> tient à part silencieusement, observant tout avec attention pen-
> dant les scènes suivantes.*

SCÈNE III

CORNEILLE, VOITURE, HAUTEROCHE.

CORNEILLE.

Quel bonheur de vous voir ici!

VOITURE.

J'y viens pour vous.

CORNEILLE.

Je suis vraiment confus que...

VOITURE.

Les esprits d'élite,
Devant lesquels l'auteur du *Cid* et de *Mélite*
A daigné lire hier son ouvrage nouveau,
M'ont chargé, bien que tout leur en semble fort beau,
De vous communiquer les scrupules, peut-être
Exagérés, qu'en eux *Polyeucte* a fait naître.

CORNEILLE.

Je vous écoute avec tout le recueillement
Que doit ma modestie à leur discernement;
Ils ne pouvaient choisir un meilleur interprète.

VOITURE.

Polyeucte, à mon sens, est digne du poète
Dont la verve féconde et forte nous donna
Les imprécations de Camille et *Cinna ;*
Mais on croit...

CORNEILLE.

Que croit-on ?

VOITURE.

J'hésite. Je me trouve
Impropre à formuler ce qu'en rien je n'éprouve.
Si j'ai voulu venir, c'est pour vous ménager;
Et maintenant, je crains de vous désobliger.

CORNEILLE.

De grâce, parlez franc !

VOITURE.

Puisqu'il faut tout vous dire,
On voit avec regret la palme du martyre
Dérobée aux tombeaux des apôtres chrétiens
Pour servir d'accessoire à des comédiens.

CORNEILLE.

Je pensais...

VOITURE.

Ce n'est point mon avis que j'exprime.

CORNEILLE.

Pourtant...

VOITURE.

Moi, je suis loin de vous en faire un crime !
Pour mon malheur, monsieur, je joue en ce moment
Le rôle ingrat d'un simple et passif truchement.

CORNEILLE.

C'est juste. Poursuivez.

VOITURE.

Je ne crois pas utile,
Présentement, d'entrer dans les détails. Le style,
Certes, est disparate et marche par cahots,
Rendant fort bien parfois des sentiments très hauts,
Et parfois s'abaissant aux tons les plus vulgaires.

CORNEILLE.

Il faut...

VOITURE.

C'était fatal ; et l'on ne mêle guères,
Sans choir dans le bizarre et l'artificiel,
Les choses de la terre aux mystères du ciel.
Manquiez-vous, par hasard, de héros et de traîtres ?
Que n'avez-vous suivi l'exemple des bons maîtres,
Garnier, Hardy, Rotrou, qui dans la fable ont pris
Tant de nobles sujets pour divertir Paris !

CORNEILLE.

Mais bon nombre de ceux qu'à bon droit l'on admire...

VOITURE.

D'accord ! J'ai dit aux gens ce que vous voulez dire.
Il n'en reste pas moins fort clair à tous les yeux
Qu'un pareil genre est faux. S'il n'était ennuyeux,
Cela pourrait passer encore. Oh ! je m'empresse
De déclarer combien, pour moi, je m'intéresse
Aux sublimes transports du saint que vous chantez.
Mais, si hautes que soient de semblables beautés,
Donne-t-on son argent, fait-on toilette fraîche,
Pour entendre un acteur débiter un long prêche ?
Chaque chose a son temps, son public et son lieu ;
On se rend à l'église afin d'honorer Dieu,
Mais l'on entre au théâtre afin de se distraire.
Nous ne sommes pas tous des anges : au contraire !
Et le bon spectateur aime, avant tout, se voir
Dans le comédien comme dans un miroir.

CORNEILLE.

Voulez-vous donc, monsieur, que la Muse héroïque
Flatte les instincts bas et l'esprit prosaïque ?

VOITURE.

Qui ? Moi ! si je le veux ? Monsieur, je ne veux rien
Que vous servir.

CORNEILLE.

      C'est vrai. Vous parlez pour mon bien.
J'oublie, hélas ! malgré vos phrases explicites,
Que ce que vous pensez n'est pas ce que vous dites.
Pardon !

VOITURE.

Monsieur Godeau qui, sans trouver mauvais
Que vous reproduisiez ses vers les plus parfaits...

CORNEILLE.

Quels vers ?

VOITURE.

N'est-ce donc là qu'une coïncidence ?
Quoi ! vous ne saviez pas que l'évêque de Vence
Avait écrit, dans l'Ode adressée au feu roi,
Le fragment reproduit par vous ?

CORNEILLE.

Dites-le-moi.

VOITURE, *déclamant.*

« Mais leur gloire tombe par terre,
Et comme elle a l'éclat du verre,
Elle en a la fragilité... »

CORNEILLE.

Vous êtes sûr qu'on lit ce fragment dans son ode ?

VOITURE.

Oh !

CORNEILLE.

Vous en êtes sûr ?

VOITURE.

Pensez-vous que je... brode,
Ou que monsieur Godeau ?...

CORNEILLE.

J'en reste stupéfait.

VOITURE.

La rencontre est, monsieur, surprenante, en effet;
Mais elle est, après tout, sans importance aucune,
Et l'évêque ne peut vous en garder rancune.
Non! S'il a critiqué *Polyeucte,* il avait
De plus graves raisons que ce petit méfait;
Il pensait à l'Église et non pas à lui-même.

CORNEILLE.

Ai-je offensé l'Église en rien dans mon poème?
Je croyais, au contraire, avoir bien mérité
De la religion et de la piété.

VOITURE.

Votre Sévère dit : « Ces croyances publiques
Ne sont qu'inventions de sages politiques,
Pour contenir un peuple ou bien pour l'émouvoir,
Et dessus sa faiblesse affermir leur pouvoir. »

CORNEILLE.

Son rôle...

VOITURE.

          Assurément, l'intention est bonne;
Mais sans être chanoine ou docteur en Sorbonne,
On peut trouver dans l'œuvre un côté dangereux.
Polyeucte est, d'ailleurs, un héros généreux.
Qu'il est simple, pourtant! Avec sa foi farouche
Et les grands mots qu'il a sans cesse dans la bouche,
Est-il de notre siècle? Est-ce, on en peut douter,
Un exemple qu'on doive en tous points imiter?

Il agit en aveugle, et, pour des bagatelles,
Compromet gravement la cause des fidèles.

CORNEILLE.

Vous êtes dur pour lui.

VOITURE.

Non; j'atténue, hélas!
C'est l'avis de messieurs Cottin et Vaugelas,
Que monsieur Colletet partage. La marquise
Ne trouve pas non plus ce beau zèle à sa guise;
Et votre illuminé lui semble, c'est son mot,
A moitié janséniste, à moitié huguenot.
De tels emportements, si bizarrement chastes,
Ne peuvent stimuler que les iconoclastes.
J'aurais voulu, monsieur, que, caché quelque part,
Vous entendissiez tout ce qu'à monsieur Conrart
Disait l'abbé Testu. Sans compter la tirade
Que l'abbé d'Aubignac lançait à Benserade!
Et le bon Chapelain, et l'avocat Patru
Qui, debout dans son coin, discourait haut et dru,
Entre monsieur Ménage et l'abbé de Marolles,
Que n'avez-vous aussi recueilli leurs paroles!

CORNEILLE.

Monsieur, je vous écoute et c'est très suffisant.

VOITURE.

Dois-je m'arrêter?

CORNEILLE.

Non, le mot n'est pas blessant;

J'estime que par vous revivent à merveille
Tous les discours auxquels vous prêtâtes l'oreille.

VOITURE.

C'était monsieur Godeau qu'on entourait surtout.
Comme il sait allier l'onction au bon goût !
« Gardons-nous de porter le dogme sur la scène !
Disait-il. L'entreprise est trompeuse, malsaine ;
Et bien loin d'augmenter la gloire de Sion,
Cela sent quelque peu la profanation.
L'Église a, dès longtemps, banni de ses enceintes
L'art qui travestissait les Écritures saintes ;
Et plus tard, et non pas sans raison, par édit,
Le Parlement, à tous, en tous lieux, défendit
Qu'on ne se fit un jeu de nos divins mystères.
Pour célébrer le ciel et ses douceurs austères,
Dieu veut des fronts sans tache et des cœurs innocents.
C'est dans l'or le plus pur que doit brûler l'encens.
A quoi bon vos arceaux, sublimes cathédrales,
Vos imposantes nefs, vos chaires magistrales,
Vos reposoirs de lis, vos cantiques fervents
Et les hautes vertus de vos bons desservants,
Si le premier venu peut à votre évangile
Prêter sa voix indigne et mêler son argile,
Et si notre Seigneur, sa croix, sa passion,
Sont livrés sans scrupule à l'exploitation
De ces comédiens, troupe folle et tarée
Qu'on n'ensevelit pas en terre consacrée ! »

CORNEILLE.

Ce sont pourtant, monsieur, de fort honnêtes gens.

VOITURE.

Oui, peut-être, pour nous qui sommes indulgents.

CORNEILLE.

L'art qu'ils exercent, fut, par royale ordonnance,
Déclaré libre et noble.

VOITURE.

Oui, j'en ai souvenance;
Mais vous savez qu'ils sont tous excommuniés.

CORNEILLE.

Vous nous condamnez donc?

VOITURE.

Vous me calomniez.
J'ai soutenu vos droits, et j'ai défendu même
Tout l'Hôtel de Bourgogne avec votre poème.
Mais je me trouvais seul à combattre pour vous;
Et véritablement, monsieur, seul contre tous,
Que vouliez-vous que fît l'ami le plus sincère?
Qu'il mourût?

CORNEILLE.

Non, cela n'était pas nécessaire.
C'est bon pour Polyeucte et pour Horace... Moi,
Me voilà fort perplexe et dans un grand émoi.

VOITURE.

Si je pouvais prêter, sans disgrâce infinie,
Mon humble jugement à votre haut génie,
Je vous rappellerais le destin alarmant
De cette *Sainte Agnès* qu'on joua récemment.

16.

La Muse, portant mal le cilice et la haire,
Se plaît sur le Parnasse et non sur le Calvaire;
Polyeucte pourra choquer les cœurs pieux,
Sans beaucoup divertir les autres.

CORNEILLE.

A vos yeux,
La partie est, pour moi, gravement compromise.

VOITURE.

J'ai peur surtout de voir rejaillir sur l'Église
Un insuccès possible, et probable en ce cas.
Ne le doit-on pas craindre?

CORNEILLE.

Oh! je n'y songeais pas.
Vous m'accablez, monsieur; je ne sais plus que faire.

VOITURE.

Réfléchissez!

CORNEILLE.

Je crois qu'on est un peu sévère.
Que me conseillez-vous?

VOITURE.

Vous pourriez simplement
Publier *Polyeucte* en brochure.

CORNEILLE.

Comment!
Il faudrait retirer la pièce du théâtre?

VOITURE.

J'oubliais qu'un rimeur est homme opiniâtre;
Mais je vous parle au nom des gens les plus sensés.

CORNEILLE.

Ce serait trop cruel, monsieur.

VOITURE.

Réfléchissez!

SCÈNE IV

LES MÊMES, D'ORGEMONT, FLORIDOR, DE VIL-
LIERS, DES URLIS, BRÉCOURT, BEAUVAL.

*Les comédiens, arrivant successivement, forment des groupes, cau-
sent, vont et viennent, sortent et rentrent.*

D'ORGEMONT, *en costume de Polyeucte, à Corneille, qui est
tout absorbé par ses préoccupations.*

Toujours le front penché, toujours l'âme inquiète!

A Voiture, Corneille restant absorbé sans l'entendre.

Quel étrange animal, monsieur, qu'un grand poète!

VOITURE, *d'un ton sceptique.*

Un grand poète?

FLORIDOR, *en costume de Sévère, très élégant, une fleur
à la main.*

Eh bien! l'Hôtel de Rambouillet

Est resté froid, dit-on.

VOITURE.

Corneille s'embrouillait,

Et la pièce, elle-même, a semblé ridicule.

D'ORGEMONT.

Parbleu !

Allant à Corneille.

Monsieur Corneille, écoutez. Je calcule
Que le héros chrétien qui parle par ma voix,
Saint Polyeucte, porte une trop lourde croix.
Comme pour le ciel seul il jette feux et flammes,
Il aura contre lui, d'abord, toutes les femmes.

CORNEILLE.

Non, puisque lui, c'est vous.

D'ORGEMONT, *après un grand salut ironique à Corneille.*

Ce nouveau marié
A, tout le temps, un rôle assez peu varié,
Celui de s'abstenir. Mais quel trait m'illumine !
S'il se convertissait par amour pour Pauline,
Et non par amitié pour Néarque ?

*Ce disant, il désigne des Urlis qui arrive en costume de
Néarque, un petit chien sur un bras et un bilboquet à la main.*

DES URLIS, *en costume de Néarque.*

Il faudrait
Me supprimer alors, tout entier, d'un seul trait.
Dès l'acte trois, déjà, Félix tranche ma vie ;
Pourquoi considérer avec un œil d'envie
Les deux pauvres petits bouts de scène que j'ai ?

CORNEILLE.

Votre rôle...

DES URLIS.

Doit être, au contraire, allongé.

A Voiture.

N'est-il pas vrai, monsieur? Vous regardez ma bête.
Il a, ce petit chien, plus d'esprit qu'un poète.

VOITURE.

Ah!

DES URLIS.

Il sait lire, écrire et compter.

VOITURE.

Rime-t-il?

DES URLIS.

Pas encore. Il apprend.

VOITURE.

C'est un chien fort subtil.

DES URLIS.

Il sait la danse grave et la danse légère :
Courante, menuet, volte. Je n'exagère
En rien. Je lui fais faire un habit fort coquet.

VOITURE.

S'il savait, comme vous, jouer du bilboquet,
Il ne laisserait rien à désirer.

DES URLIS.

Peut-être
Apprendra-t-il ce jeu. Moi, j'y suis passé maître.
Voyez!

Il joue.

VOITURE.

Quel beau talent vous avez là !

DES URLIS.

Depuis
Que je meurs en la fleur de mon printemps, je puis
M'exercer à loisir, hélas! Je me surpasse.

A Corneille.

Il faut, mon cher auteur, différer ma mort. Grâce!

CORNEILLE.

Non pas!

DES URLIS.

Faites donc mieux!

CORNEILLE.

Comment?

DES URLIS.

Pour le bouquet,
Ressuscitez-moi!

CORNEILLE.

Vous?

VOITURE.

Avec le bilboquet?

DES URLIS.

Avec le bilboquet, parbleu! ce serait drôle.

Il s'éloigne en jouant.

CORNEILLE, *à Floridor.*

Ah! monsieur Floridor, comme il traite son rôle!

FLORIDOR.

Il s'abuse.

CORNEILLE.

L'intrigue est donc de votre goût...

FLORIDOR.

Tout dépend des acteurs, mon cher.

CORNEILLE.

Tout! C'est beaucoup.

FLORIDOR.

Je parle du succès, car, en littérature,
Je ne me suis jamais donné de tablature
Pour éplucher les mots et distinguer les cas.
C'est bon pour les auteurs et pour les avocats,
Mon pauvre ami. Je fais une simple critique.
La pièce n'a vraiment qu'un rôle sympathique :
Le mien, Sévère.

CORNEILLE.

Mais...

FLORIDOR.

Nul doute! Alors, pourquoi
Pauline reste-t-elle aussi froide avec moi ?

CORNEILLE.

Froide ? Non, permettez! Elle vous aime encore.

FLORIDOR.

Oh, pas assez! Il faut que l'amour la dévore.
Un amour vrai, qui soit du feu, non du sirop!

CORNEILLE.

Tout le monde prétend qu'elle vous aime trop.

FLORIDOR.

Oui, suivant la raison ; non, selon la nature !
C'est une impersonnelle et veule créature,
Qui ne satisfera, malgré ses traits exquis,
Ni les collets-montés ni les petits marquis.
Son mari n'a pas l'air, d'ailleurs, fort épris d'elle.
Ah ! comme on la voudrait plus tendre et moins fidèle !

CORNEILLE.

Vous raillez.

FLORIDOR.

Voyez donc le monde comme il est !

CORNEILLE.

Tel que vous le montrez, il est beaucoup trop laid ;
J'aime mieux le rêver, monsieur, tel qu'il doit être.

FLORIDOR.

Vous ne ferez jamais fortune, mon bon maître.

DE VILLIERS, *en costume de Félix, s'approchant de Corneille.*
Aristote...

D'ORGEMONT.

Il invoque Aristote, ô mon Dieu !
Sauvons-nous !

DE VILLIERS.

Il s'agit de l'unité de lieu.
C'est extrêmement grave. Écoutez ! Aristote...

D'ORGEMONT.

Quand il a deux mille ans, un écrivain radote.

DES URLIS, *interrompant.*

A quoi peut bien rimer Polyeucte?

D'ORGEMONT.

Ma foi,
Cela ne rime à rien que je sache.

DES URLIS.

Pourquoi?

DE VILLIERS.

La belle question! Tu veux te moquer.

DES URLIS.

Baste!
C'est pour mieux faire voir combien notre homme est chaste.

Rires des comédiens.

BRÉCOURT, *en costume d'Albin, venant à Corneille.*

Monsieur, j'ai fait la guerre au service du roi.
J'ai vu le grand Gustave, et j'étais à Rocroy;
J'y fus blessé, j'en porte encor la cicatrice.
Donc, en l'art des combats je ne suis pas novice;
C'est pourquoi je prendrai l'extrême liberté
De trouver sec, obscur et par trop écourté
Le récit que je fais des exploits de Sévère.

CORNEILLE.

La haute stratégie est-elle mon affaire?

BRÉCOURT.

Que le récit du Cid est autrement narré!

17

CORNEILLE.

Albin n'est pas le Cid.

BRÉCOURT.

Qu'importe ?

CORNEILLE.

Je verrai.

Vous ne dites rien, vous, Beauval ?

BEAUVAL.

Je vous admire.

J'aime les traits d'esprit, monsieur, et l'on peut dire
Que votre pièce en a de fort éblouissants :
« Choisis de leur donner ton sang ou de l'encens !...
O devoir qui me perd et qui me désespère ! »
Ces deux vers sont charmants.

VOITURE.

Charmants !

BEAUVAL.

Ils font la paire ;
Et je donnerais, moi, tout un acte pour eux.

VOITURE.

C'est élégant, concis, délicat, chaleureux.

CORNEILLE.

Je voulais justement, la rencontre est étrange,
Changer ces deux vers-là.

VOITURE.

Vous perdriez au change.

SCÈNE V

LES MÊMES, MADEMOISELLE DU CLOS,
MADEMOISELLE AUBRY, ROSANGE.

VOITURE, *apercevant mademoiselle Du Clos, qui entre accompagnée
par mademoiselle Aubry et Rosange.*

Voici votre Pauline. Elle est, rare défaut,
Trop belle pour avoir un mari si dévot.

MADEMOISELLE DU CLOS.

Monsieur Voiture ici! quelle surprise aimable!

VOITURE.

Polyeucte avec vous devient invraisemblable.
Je suis, vous le savez, votre humble adorateur.

MADEMOISELLE DU CLOS.

Rosange, va chercher mon flacon de senteur.

A Voiture qui, en se retirant, regarde Rosange s'éloigner.

Vous la reconnaissez, c'est ma petite nièce.

A Corneille, qu'elle prend à part.

Mon ami, tenez-vous beaucoup à votre pièce?

CORNEILLE.

Que veut dire cela?

MADEMOISELLE DU CLOS.

Que je vous aime fort,

Que j'ai grand'peur pour vous et que je n'ai pas tort.
Vous baissez, mon ami, c'est votre mariage!
Pourquoi vous marier?

CORNEILLE.

Pour...

MADEMOISELLE DU CLOS.

        Quel enfantillage!
On peut rester garçon sans être un Don Juan.
Et pourquoi vous cacher dix-huit mois à Rouen?

CORNEILLE.

Pour travailler! Ici, le loisir est si mince!...

MADEMOISELLE DU CLOS.

On travaille assez mal pour Paris en province.
Soyez-y bon bourgeois, bon père, bon époux :
A merveille, monsieur! Mais chez nous, voyez-vous,
Cela ne suffit pas. Votre coucou retarde;
Vous devenez par trop vertueux, prenez garde!

CORNEILLE.

Faut-il être un coquin pour avoir du succès?

MADEMOISELLE DU CLOS.

Il faut de la vertu, mon cher, mais sans excès.
Mademoiselle Aubry m'approuve, j'en suis sûre.

MADEMOISELLE AUBRY, *qui s'est approchée d'eux.*
Vous parlez d'or.

MADEMOISELLE DU CLOS.

        Et puis, sans qu'on vous fasse injure,
On peut trouver en vous un parfait avocat,

Un rimeur excellent, un mari délicat,
Mais vous ne savez pas ce que c'est qu'une femme.
Vous riez, ô rêveur ! cependant, sur mon âme,
C'est absolument vrai : mademoiselle Aubry
Vous le garantira.

CORNEILLE.

Pardonnez si j'ai ri.

MADEMOISELLE DU CLOS.

Qui donc votre Pauline aime-t-elle ? Personne.
L'esprit raisonne-t-il quand le cœur déraisonne ?
Or, tout son rôle n'est qu'un froid raisonnement.
Dire à son jeune époux que l'on eut un amant,
Cela ne se fait pas, même quand, d'aventure,
L'amoureuse est restée admirablement pure.
En ce cas l'on se tait, ou bien l'on ment un peu.
Votre femme n'a pu vous faire un tel aveu !

Mademoiselle Aubry rit aux éclats.

CORNEILLE, *très sérieux*.

Non ! mais j'eusse approuvé sa franchise stoïque ?

MADEMOISELLE DU CLOS.

Vous ne serez jamais qu'un bourgeois héroïque.

BEAUVAL, *au fond*.

Pauline et Stratonice, allons, c'est votre tour !

MADEMOISELLE DU CLOS.

Il faut donc répéter la pièce encore un jour ?

CORNEILLE.

Laissez-moi réfléchir un peu, mademoiselle.

A part.

Son babil m'étourdit comme un bruit de crécelle.

MADEMOISELLE DU CLOS, s'éloignant
avec mademoiselle Aubry.

Évitez un échec!

SCÈNE VI

CORNEILLE, HAUTEROCHE.

CORNEILLE.

Dois-je désespérer?
Quoiqu'il m'en coûte, hélas! je vais la retirer,
Cette malencontreuse et triste tragédie.

HAUTEROCHE, quittant le coin d'où il a tout observé en silence
pendant les scènes précédentes.

Par le ciel! est-ce vous qu'ainsi l'on congédie?
Quoi, vous vous laissez battre à coups d'épingle, vous!

CORNEILLE.

Ils ont l'air tellement convaincus!

HAUTEROCHE.

Ils sont fous!

S'ils vous veulent du bien, leur erreur est profonde.

CORNEILLE.

Contre moi, vous voyez, Noël, j'ai tout le monde.
Monsieur Godeau...

HAUTEROCHE.

Ses vers sont traduits du latin;
Libre à vous de traduire aussi!

CORNEILLE.

L'abbé Cottin...

HAUTEROCHE.

Vous avez eu raison du Cardinal lui-même;
Vous pouvez aujourd'hui braver sans crainte extrême
Les abbés, les marquis, les sots et les pédants.

CORNEILLE.

Voiture n'est point sot.

*A ces mots Voiture, qui vient de rentrer en scène, au fond,
dresse l'oreille, sourit et avance doucement.*

HAUTEROCHE, *sans apercevoir Voiture.*

Il a de belles dents,
Il sourit bien. Charmant Apollon de ruelles!
Ses petits vers jamais n'ont trouvé de cruelles.
Croyez-vous, toutefois, qu'un homme si léger
Soit apte à vous comprendre et fait pour vous juger?

*Voiture s'éloigne vivement et se heurte, en sortant, à Floridor
et à des Urlis qui rentrent au fond.*

CORNEILLE.

Mais les comédiens ont quelque expérience.

Floridor et des Urlis s'approchent avec curiosité.

HAUTEROCHE, *sans voir Floridor ni des Urlis.*

Ils en ont trop! Cela me met en défiance.

Voyant tout de trop près, ils restent sans émoi ;
Et, comme à saint Thomas, il leur manque la foi.

Floridor et des Urlis sortent en haussant les épaules.

Le public est naïf au fond, n'ergote guère,
Mais comprend la grandeur bien qu'il soit le vulgaire,
Se livre volontiers, s'amuse comme il peut,
Et ne boude jamais contre ce qui l'émeut.
N'estimez ni trop haut ni trop bas la science
Des donneurs de conseils ! Ayez la patience
De les écouter ! Oui ; mais un peu de vigueur !
Vous les dépassez tous de la tête et du cœur ;
Et ce n'est pas pour rien qu'on appelle sans cesse
Votre monsieur Godeau « le nain de la princesse ».

CORNEILLE.

Qui consulter, alors ?

HAUTEROCHE.

                Des esprits moins faussés !
Tout est perdu, monsieur, si vous vous trahissez.
Leurs observations sont-elles sans réplique ?

CORNEILLE.

Mon héros n'est-il pas un peu trop angélique ?

HAUTEROCHE.

Ce qu'est votre héros, doit-il l'être à moitié ?
Quel pur transport en nous se mêle à la pitié,
Quand déborde son cœur plein de divine extase !

CORNEILLE.

Mais Pauline ? Les gens m'ont dit, sans périphrase,

Qu'elle était tiède, fade, et que l'on n'en voudrait
Ni pour femme, ni pour maîtresse.

HAUTEROCHE.

Le beau trait !
Je souhaite aux galants qui se sont raillés d'elle,
Aussi noble maîtresse ou femme aussi fidèle,
Car on ne peut unir en notre humanité
Plus de raison à plus de générosité.

CORNEILLE.

Merci, mon cher Noël ! vous me rendez courage.
Mais, hélas ! l'horizon est encor gros d'orage :
Polyeucte n'aura qu'un bien précaire appui,
S'il a l'Église, avec les femmes, contre lui.

HAUTEROCHE.

Oh ! tout d'abord, monsieur, n'ayez point peur des femmes !
Ce sont les meilleurs cœurs et les plus belles âmes.
Est-ce qu'on a jamais les femmes contre soi,
Lorsque l'on a l'amour, la grandeur et la foi ?

CORNEILLE.

Mais les dévots ?... Si l'on sifflait !...

HAUTEROCHE.

Les choses saintes
Planent infiniment trop haut, pour être atteintes
Par le stupide assaut de quelque esprit rampant
Qui, gonflé de venin, siffle comme un serpent.

CORNEILLE.

Ils se trompent donc tous ?

17.

HAUTEROCHE

Oui, certes ; et pour cause !
Ne leur concédez rien, rien !... De leur sotte prose
Défendez, sans fléchir, votre vers éclatant.
Le soleil et la lune ont des taches ; pourtant,
L'Hôtel de Rambouillet et l'Hôtel de Bourgogne
Oseraient-ils jamais demander sans vergogne
Que, vu tous les points noirs de ce double appareil,
Le bon Dieu supprimât la lune et le soleil ?

SCÈNE VII

Les Mêmes, ROSANGE.

ROSANGE.

Je vous dérange ?

CORNEILLE.

Non.

ROSANGE.

C'est encor ma marraine
Qui voudrait vous parler un instant sur la scène.

CORNEILLE.

Pourquoi ?

ROSANGE.

Pour retrancher ou changer, s'il vous plaît,
Deux vers, rien que deux vers, au milieu d'un couplet. [⁰]

CORNEILLE.

Ma chère enfant, j’en suis fâché, c’est impossible.

HAUTEROCHE.

Bravo! tenez-lui tête et restez inflexible!

ROSANGE.

Vous devriez venir tout de même.

CORNEILLE.

Je viens.

ROSANGE.

Ils ne répètent pas, monsieur, en bons chrétiens;
Ils n’ont pas confiance.

CORNEILLE.

Et vous?

ROSANGE.

Je me récuse.

CORNEILLE.

Vous avez pourtant l’air d’une petite muse.

ROSANGE.

Votre gloire m’est chère, et du fond de mon cœur
Je souhaite ardemment que vous soyez vainqueur;
Mais les méchants propos enfin m’ont assombrie.
Daignez être prudent, monsieur, je vous en prie!

CORNEILLE.

Fort bien! Quoi qu’il en soit, je tenterai le sort.

HAUTEROCHE.

Il a vingt fois raison; tous les autres ont tort.

ROSANGE, *à Hauteroche.*

Je ne vous parlais pas. Quelle galanterie !

HAUTEROCHE.

Jasez ! Mais *Polyeucte* aura, je vous parie
Tout ce que vous voudrez, un énorme succès.

ROSANGE.

Vous êtes toujours fier ou timide à l'excès.

HAUTEROCHE.

Timide pour ma part, fier pour monsieur Corneille.

ROSANGE.

Tout à l'heure, quelqu'un me disait à l'oreille :
« Si cela réussit, je veux être pendu ! »
Voulez-vous l'être, en cas d'échec ?

HAUTEROCHE.

      C'est entendu :
En ce cas je me pends. Nulle miséricorde !
Et dans mon testament je vous lègue ma corde.
Mais consentiriez-vous, le contraire arrivant,
A m'accorder la main que voici, belle enfant ?

ROSANGE.

Soyez donc sérieux !

HAUTEROCHE.

     Je suis, je vous le jure,
Très sérieux. Je suis...

ROSANGE.

Singulière gageure !

On ne saurait ainsi s'exposer sans raison;
Un mari tel que vous, c'est pis que pendaison!

HAUTEROCHE.

Ah! ah! vous hésitez, je crois, mademoiselle.
Pourquoi donc, à l'instant, mettiez-vous tant de zèle
A détourner monsieur de se faire jouer,
Quand monsieur, selon vous, peut ne pas échouer?
Fi! c'est vilain.

ROSANGE.

Ma foi, j'accepte. Je m'en moque.
Je tiens votre pari.

A Corneille.

C'est lui qui me provoque!
Excusez-moi, monsieur, si je vous ai blessé.

CORNEILLE.

Je suis tout simplement ravi.

ROSANGE.

C'est insensé.

A Hauteroche.

En tout cas, attendez mon ordre pour vous pendre!
Je puis vous gracier.

HAUTEROCHE.

Je ne veux rien attendre;
Je me pendrai tout seul, si je perds le pari.
Si je gagne, tant pis! je suis votre mari.
Pas de grâce!

SCÈNE VII

LES MÊMES, MADEMOISELLE DU CLOS, MADE-
MOISELLE AUBRY, VOITURE, D'ORGEMONT,
FLORIDOR, DE VILLIERS, DES URLIS,
BRÉCOURT, BEAUVAL.

MADEMOISELLE DU CLOS.

Fort bien! Causez, restez à rire,
Quand nous vous implorons, là-bas, en plein martyre!
Oui, pour continuer la répétition,
Il faut que nous venions, tous, en procession,
Chercher jusqu'en ces lieux le poète rebelle.

CORNEILLE.

Je me mets à vos pieds; pardon, ma toute belle!

HAUTEROCHE, *avec un salut cérémonieux.*

Entre temps, s'il vous plaît, mademoiselle, un mot.

MADEMOISELLE DU CLOS.

Quelle solennité!

HAUTEROCHE.

Ce n'est pas un grimaud,
C'est le très noble sieur Noël de Hauteroche,
Qui vient vous demander, sans peur et sans reproche,
La main de votre nièce et filleule.

MADEMOISELLE DU CLOS.

D'accord !
Mais pour être poli, vous auriez dû d'abord
Me demander ma main. Je l'aurais refusée.
Puis Rosange... Voyez la petite rusée !
Elle n'en avait pas soufflé mot. C'est charmant.

ROSANGE.

Oh ! marraine, écoutez ! Je n'ai réellement
Rien accepté que si, par extraordinaire,
Polyeucte, martyr, soulève un tel tonnerre
De bravos, du parterre au cintre, à tous moments,
Que la salle s'écroule en applaudissements.

Rire général.

MADEMOISELLE DU CLOS.

Le bon billet qu'il a, ce pauvre Hauteroche !
Mais votre cœur, mignonne, est donc un cœur de roche ?
Moi qui le supposais si doux, si moutonnier !

HAUTEROCHE.

Moquez-vous ! Rira bien, qui rira le dernier !
J'invite tout le monde aux noces, qu'ici même
Je prétends célébrer.

VOITURE.

Pourquoi pas au baptême ?

ROSANGE, *légèrement inquiète.*

Il ne doute de rien.

HAUTEROCHE.

Mes bons amis, pour moi

Vous direz, n'est-ce pas, *Polyeucte* avec foi.
Jurez-le !

TOUS LES COMÉDIENS.

Nous jurons !

MADEMOISELLE DU CLOS.

Pour vous et pour Rosange,
Je tâcherai, Noël, d'être vraiment un ange.

HAUTEROCHE, *lui baisant la main.*

J'y compte.

ROSANGE.

Trahison !

VOITURE, *avec conviction.*

Rassurez-vous !

ROSANGE.

Pourtant,
Si *Polyeucte* avait le succès qu'il prétend !
Devant un tel aplomb j'ai l'esprit moins paisible ;
J'ai peur.

VOITURE.

Quelle folie !

ROSANGE, *éclatant de rire.*

Oh ! non, c'est impossible !

Visite à Corneille

POÈME

DIT PAR MADEMOISELLE J. BARTET

AU THÉATRE-FRANÇAIS

le 6 juin 1886

à l'occasion du 280ᵉ Anniversaire de la naissance de Pierre Corneille.

Visite à Corneille

A madame Jules Claretie.

Autour du buste de Pierre Corneille, sont groupés les acteurs qui viennent
de jouer *le Cid* ; une jeune femme, vêtue à la mode du dernier printemps, entre en scène et s'avance vers les comédiens.

Seigneurs, soyez cléments ; excusez-moi, Chimène !
Dans ce monde idéal, votre illustre domaine,
Je pénètre, affrontant l'immortelle beauté,
Moi, le réel qui passe et la modernité !
Je n'ai jamais régné dans un lointain magique ;
Sur moi, le blanc peplum paraîtrait peu tragique ;
Et ce n'est pas aux bords du Tibre, antiquement,
Que l'on a chiffonné mon léger vêtement.
Déesse je ne suis, je ne suis pas Infante ;
Je n'ai rien du passé. Je suis femme, et vivante ;

Et — ne m'en veuillez point si j'y mets quelque prix,
Seigneurs! — je suis Française, et même de Paris.
Or, maîtrisant mon trouble et surmontant mes doutes,
Je viens, moi, spectatrice émue, au nom de toutes,
Du balcon sur la scène, offrir, sans mot cherché,
Quelques fleurs à l'auteur du *Cid* et de *Psyché,*
Dont nous avons voulu fêter l'anniversaire.

Elle détache et consacre au poète les fleurs de son corsage.

Corneille, nous t'aimons d'un amour très sincère,
Nous, filles de la France et de la Liberté,
Parce que ta naïve et mâle austérité
A su profondément sentir et faire entendre
Tout ce qu'il est en nous d'héroïque et de tendre,
Tout ce qu'en son instinct notre cœur ignorant
Garde, et peut révéler, de vrai, de pur, de grand.
Nous t'aimons d'autant plus, ô bienfaisant génie,
Que nous sommes en proie à plus de calomnie.
Hélas! que n'ont pas dit depuis peu contre nous
Les gens d'esprit, les sots, les pédants, les jaloux,
Les écoliers amers, les doucereux bellâtres!
En prose, en vers, dans les salons, dans les théâtres,
Le grave psychologue et le conteur galant
Nous accablent, avec plus ou moins de talent,
D'un pessimisme noir, brutal et tyrannique,
Fait de brume allemande et de spleen britannique,
Qui ternit l'or du ciel, qui flétrit l'âme en fleur,
Qui change tout désir, toute joie en douleur,
Où la beauté n'est plus, souveraine torture,
Qu'un piège éternisant le mal dans la nature!

Ils traduisent, dès qu'il s'agit de nous juger,
Les arguments haineux d'un sophiste étranger;
Et quand on veut de nous un portrait plus fidèle,
C'est quelque ange… déchu qu'ils prennent pour modèle,
L'exhibant, pour avoir un succès plus certain,
Dans un style à la fois vandale et byzantin.
Devant leur joli monstre, on trouve Messaline
Plus blanche que la blanche et sainte mousseline;
Un naïf doute-t-il de ce portrait charmant,
Les amuseurs du jour le raillent finement.
L'Europe, qui de loin nous guette et nous envie,
Les écoute en riant, les prend au mot, ravie,
Ajoute son gros sel, surcharge chaque trait,
Vient chez nous en criant : « Je vais au cabaret! »
S'attable sans façon, court partout, fait la fête,
Rentre, reprend son air guindé, cite un prophète,
Et compare Paris, dévotement, sans fiel,
Aux villes que brûla jadis le feu du ciel.

Poète devant qui le plus fier est modeste,
O toi qui fis pleurer Condé, je t'en atteste,
Ces fous ne savent pas ce qu'ils disent. Et si
Des mystificateurs, qu'on mystifie aussi,
Font de la décadence en rimes transcendantes,
Il n'est point parmi nous beaucoup de décadentes.
Lorsqu'on n'a pas dans l'âme un coin du grand ciel bleu,
On sait mal nous aimer et l'on nous connaît peu,
Quoi qu'on ait de science ou de galanterie.
Les habiles, malgré l'art de leur flatterie,
Les importants, les fats, malgré leurs airs vainqueurs,

Ne trouveront jamais la clef d'or de nos cœurs.
Elle était dans ta main, poète, la clef sainte !
Car tu la méritais ; car, si ta tempe est ceinte
Du chêne et du laurier toujours verts, c'est que, toi,
Tu vis la vérité sublime, ayant la foi !
Tes guerrières d'antan, tes princesses, tes reines,
Tes martyres marchant au ciel en souveraines,
Où donc as-tu connu leur intime beauté ?
Est-ce à Sparte ? est-ce à Rome ? As-tu jamais été
Conquérir leur secret dans la Castille Vieille ?
Non ! tu n'as pas cherché si loin cette merveille ;
Elle était sous tes yeux, elle éclatait au jour,
A Paris, à Rouen, à la ville, à la cour.
Dans la sœur de Pascal respirait ta Pauline ;
Émilie, en son cœur d'implacable orpheline,
D'une belle Frondeuse a l'orgueil léonin ;
Le nom de Cornélie est ton nom féminin.

C'est l'âme du pays qui fait le vrai poète,
Et qui, légère, ailée, ainsi que l'alouette,
Chante, comme en plein ciel, dans les poèmes d'or.
L'idéal, après tout, c'est le réel encor ;
C'est le réel plus vrai, plus semblable à lui-même,
Qui sait mieux ce qu'il veut, qui voit mieux ce qu'il aime,
Et qui, prenant son vol, sans tarder, sans peser,
Va cueillir dans le rêve un immortel baiser.
Chaque patrie, en sa légende, en son histoire,
Se fait femme, aux grands jours de deuil ou de victoire,
Et dans une charmeuse agréable à ses dieux
S'incarne, se résume, et se révèle aux yeux.

Ruth, Esther et Judith ont la Judée en elles ;
Hélène a le ciel grec au fond de ses prunelles,
Et la blonde Ophélie est la fleur d'outre-mer.
Notre France a donné ce qu'elle a de plus cher
A Jeanne, cette vierge, à la bonne Lorraine
Dont la candeur sans tache et la grandeur sereine,
Dominant de si haut nos vallons orageux,
Règnent sur nous, au loin, comme un sommet neigeux.
Tes héroïnes sont ses sœurs en poésie,
Corneille ! Et quand soudain l'une ou l'autre est saisie
Du saint transport, on sent qu'elles aussi, parfois,
Elles prêtent l'oreille à de divines voix.
Comme tout fait briller d'une lumière exquise
Leur généreux courage ! Et comme la marquise
De Sévigné sut bien expliquer leur succès !
A leur bouche, en leur cœur, comme tout est français !
La Française, la vraie, elle est là tout entière,
Réfléchie, et pourtant vive et prime-sautière,
Très personnelle et très ondoyante à la fois ;
Ignorant l'égoïsme et l'ennui des cœurs froids,
Docile et non servile, ardente mais lucide,
Ayant l'éclair profond et le mot qui décide ;
Possédant la justesse et la précision
Du verbe qu'elle parle avec émotion,
Introduisant partout d'une main fine et sûre,
Sans paraître y toucher, le rythme et la mesure ;
De la pointe de son aiguille dégonflant
Toute vanité creuse et tout faste insolent ;
Communiquant sa vie aux plus petites choses,
Alliant avec grâce, et sans fadeurs moroses,

Le bon goût au bon sens, la réserve à l'esprit,
L'intrépidité calme à l'espoir qui sourit ;
S'élevant au sublime à force d'être sage,
Sans fausser la nature et sans froisser l'usage ;
Trouvant dans le devoir, noblement accepté,
Le charme d'une douce et pure volupté,
Jugeant le bien trop beau pour que l'on s'en écarte ;
Athénienne avec la volonté de Sparte,
Et gouvernant son cœur d'assez haute façon
Pour que l'amour y soit l'instinct de la raison.

Telle était autrefois, ô rayonnante aurore,
La Française accomplie ! Et telle elle est encore ;
Telle on l'a retrouvée, intacte, à ciel ouvert,
Dans l'épreuve terrible où l'on a tant souffert.
Malgré l'isolement, long, sourd, plein de ténèbres,
Malgré l'hiver, la faim, et les éclats funèbres
Qui, dans l'ombre, abattaient les blessés par monceaux,
Malgré les cris plaintifs qui sortaient des berceaux,
Vous n'avez pas fléchi, pâles Parisiennes !
Vous fîtes honte au sort. Toutes, patriciennes
Ou peuple, les grands noms, les doigts fins, les beaux yeux,
L'artiste au chant si doux, l'âme aspirant aux cieux,
Toutes, d'un libre accord, filles, femmes et mères,
Vous repoussiez la trêve offerte ; et, sans chimères,
Mais sans peur, le front haut, fronçant votre sourcil,
Vous ramassiez, de vos mains frêles, le fusil
Que l'homme avait jeté, morne, avec un blasphème ;
Vous baisiez l'arme sainte, et, d'un élan suprême,
La lui rendiez, disant, tout bas, loin des clameurs :

« Je t'aime, va te battre, et s'il faut mourir, meurs ! »

Mais, en causant, j'ai fait une étrange sortie.
Je crois que j'ai manqué pour vous de modestie,
Mesdames ; et je crois qu'en ce jour glorieux
Des larmes, je ne sais comment, mouillent mes yeux.
Pardon ! Je suis distraite, encor que je surveille
Mes paroles ; d'ailleurs, c'est la faute à... Corneille.
Quittons la tragédie et sourions un peu !
On peut être aussi grand avec un plus doux jeu ;
Thalie, en qui fleurit une âme plus humaine,
N'en reste pas moins muse et sœur de Melpomène ;
Et Corneille eut parfois, — il était tendre et fin, —
Bonhomme de génie, un sourire divin.
Quoiqu'il fût déjà vieux et qu'il semblât plus gauche,
Molière, un jour, n'ayant pu faire que l'ébauche
D'une pièce promise au roi, vint, empêché,
Le prier de l'écrire. Il écrivit *Psyché*.
Et jamais, ô Patrie, ô moderne Cybèle,
France, tu n'apparus plus touchante et plus belle
Que dans cette figure ailée, âme et rayon,
Fille d'un Prométhée et d'un Pygmalion.
L'Amour antique, enfant dont Vénus est la mère,
Est un bambin aveugle, un caprice éphémère ;
C'est l'archer minuscule et prompt, le nain railleur,
L'irrésistible dieu de la matière en fleur
Que l'Asie idolâtre et qui désarme Rome.
— En épousant Psyché, l'Ame, il devient un homme.
Délivré du bandeau qui lui couvrait les yeux,
Il s'ouvre aux profondeurs lumineuses des cieux,

S'élance, et, triomphant de la Mort souterraine,
Chez les Olympiens conduit, blanche et sereine,
A côté de Vénus, l'Ame, cette Beauté.
O France, en tes douleurs, en ta prospérité,
Ne ressembles-tu pas à l'épouse suprême ?
N'es-tu pas la Psyché réelle ? L'Amour t'aime !
L'Amour, transfiguré, pur, viril et loyal,
Par toi devient lumière et conquiert l'idéal.
Laisse les appétits, dans l'ombre mensongère,
S'agiter ! Toi, l'Aurore au front, libre, légère,
Emplissant de clartés les plus obscurs séjours,
Sois déesse, sois belle, et rayonne toujours !

Voilà les conseils fiers qu'à travers les deux masques
Corneille, en vers parfois rudes, parfois fantasques,
Ne craint pas de donner, Patrie, à tes enfants.
Permets-moi d'honorer ses mânes triomphants ;
Permets que, les yeux pleins d'un orgueil juste et calme,
J'apporte de ma main féminine la palme
Dont il sied aujourd'hui d'orner son piédestal !

Elle prend la palme que tient une des comédiennes, et la pose devant le buste du poète. Puis, se tournant vers le public.

Vous, en qui vibre encor sa rime au pur métal,
O vous tous, selon lui poursuivez votre tâche ;
Écartez à sa voix tout acte faux ou lâche ;
Et, pour ne pas périr, pour vaincre, soyez tels
Que ses héros : soyez dignes d'être immortels !
Croyez au beau ; que vers le grand, le beau vous mène !
Ressuscitez Rodrigue et vous aurez Chimène,

Messieurs! Et quand sur nous, Françaises d'aujourd'hui,
Jaseront la laideur, l'ignorance et l'ennui,
Défendez-nous bien haut, car c'est de notre argile,
Si légère pourtant, si vaine, si fragile,
Que Corneille a pétri de ses robustes mains
Les plus purs et les plus vaillants des cœurs humains.

TABLE

THÉATRE CORNÉLIEN

Table

Achevé d'imprimer

le dix janvier mil huit cent quatre-vingt-dix-huit

PAR

ALPHONSE LEMERRE

6, RUE DES BERGERS, 6

A PARIS

I.-4. — 3018.

POÈTES CONTEMPORAINS

Volumes in-18 jésus. — Chaque volume : 3 fr.

JEAN AICARD.	*Le Livre d'heures de l'Amour* . . .	1 vol.
R. DE L'ANGLE-BEAUMANOIR	*Soleils couchants du Rêve.*	1 vol.
THÉODORE DE BANVILLE.	*Nouvelles Odes funambulesques.* . . .	1 vol.
—	*Idylles prussiennes.*	1 vol.
—	*Les Princesses.*	1 vol.
AUGUSTE BARBIER.	*Poésies posthumes*	1 vol.
L'ABBÉ JEAN BARTHÈS. .	*Autour du Clocher.*	1 vol.
ANDRÉ BELLESSORT. . . .	*La Chanson du Sud.*	1 vol.
ÉMILE BERGERAT.	*Poèmes de la Guerre.*	1 vol.
—	*La Lyre comique.*	1 vol.
YVES BERTHOU.	*Ames Simples.*	1 vol.
GEORGES-EUGÈNE BERTIN.	*En quittant la Vie.*	1 vol.
ÉMILE BLÉMONT.	*Poèmes d'Italie.*	1 vol.
—	*Portraits sans Modèles.*	1 vol.
—	*Poèmes de Chine.*	1 vol.
—	*La Belle Aventure.*	1 vol.
MARC BONNEFOY.	*Les Vauclusiennes*	1 vol.
PIERRE DE BOUCHAUD . .	*Rythmes et Nombres*	1 vol.
—	*Les Mirages.*	1 vol.
JULES BRUN.	*Le Romancero roumain.*	1 vol.
ÉMILE CHEVÉ.	*Les Gouffres*	1 vol.
FRANÇOIS COPPÉE	*Premières Poésies*	1 vol.
—	*Poèmes modernes*	1 vol.
—	*Les Humbles.*	1 vol.
—	*Le Cahier rouge*	1 vol.
—	*Les Récits et les Élégies.*	1 vol.
—	*Contes en vers et poésies diverses* . .	1 vol.
—	*Les Paroles sincères.*	1 vol.
FRANÇOIS DEJOUX	*S. François d'Assise.*	1 vol.
—	*Aïssé.*	1 vol.
LÉONCE DEPONT.	*Sérénités.*	1 vol.
AMÉLIE DEWAILLY	*Nos Enfants.*	1 vol.
LÉON DIERX	*Les Amants.*	1 vol.
ÉMILE DODILLON.	*Dehors.*	1 vol.
AUGUSTE DORCHAIN . . .	*La Jeunesse pensive.*	1 vol.
—	*Vers la Lumière.*	1 vol.
DRIMARAKI SERVÒ.	*Algues et Fleurs.*	1 vol.
GEORGES DRUILHET. . . .	*Au Temps des Lilas.*	1 vol.
LOUISE DUCOT.	*Rêves d'Exil.*	1 vol.
FRANÇOIS FABIÉ	*La Bonne Terre.*	1 vol.
—	*Voix Rustiques*	1 vol.
MAURICE DE FÉRAUDY. .	*Heures émues.*	1 vol.

Paris. — Imp. A. LEMERRE, 6, rue des Bergers. — 3.-3018.

www.ingramcontent.com/pod-product-compliance
Lightning Source LLC
LaVergne TN
LVHW011459180726
843503LV00001BA/159